〈いじめ学〉の時代

内藤朝雄
Asao Naito

柏書房

〈いじめ学〉の時代　目次

第三章　父と母

「山形マット死事件」とは？
「兄ちゃん殺されてうれしいか？」の衝撃
雑誌に投稿
児玉昭平氏と会う
警察がこんなにバカだとは
「人権派」弁護士への幻滅
取材不能？
聞き取り調査開始
主婦の言い分
「山形マット死事件」の本質

第六章 〈欠如〉を生み出す有害環境としての学校
——いじめ発生のメカニズム その1

「不思議な気持ちです」
個別の理由ではない
不安定な諸要素
〈欠如〉のはじまり
学校という場所の特殊性
なぜいじめに向かうのか

まえがき

私は今から六年前の二〇〇一年、『いじめの社会理論』という本を柏書房から出版しました。これはいじめがなぜおこるのか、そしてどうすれば防ぐことができるのかについて長年考え続けてきた者としての、私のその時点までの研究成果を、一冊のうちにほぼ余すことなく述べたものです。

この本は、私にとって初めての単行本でもありました。それこそ一〇〇年後も読み継がれるような古典になってほしいと送り出した本だったのですが、幸いにして発売後は、いじめ発生のメカニズムモデルを示すことに成功したはじめての書物として、多方面から数多くの好意的な評価を頂きました。

私としては、すでにこの本を書き終えた時点で、もはや学校のいじめについて語るべきことはすべて語ったとの思いがあります。ここに書かれている通りのことをすれば、少なくとも学校のいじめに関しては、絶大な効果を上げることができ、あとはこれが現実の社会で実行に移されるのを待つだけだと、今も確信しています。

それだけに、二〇〇六年の秋、日本全国で生徒のいじめ自殺事件が連鎖的に報道されるのを目の当たりにして、わたしは歯ぎしりせずにいられませんでした。

私がいじめの抜本的な解決策を提示してからすでに五年もの月日が経っていたというのに、いじめをめぐる世の中の状況が何ひとつとして変わっていなかったからです。

とりわけ、マスメディアを通じて世間に流布するいじめをめぐる言葉が、いじめが社会問題として語られはじめた二〇年ほどまえからほとんど進歩していないことには、怒りすらおぼえました。

テレビや新聞・雑誌で名の知れた「識者」たちが語るのは、どれも「家庭の教育力が低下した」とか、「規範意識が低下した」など、少し統計データや過去の歴史資料をめくってみればデタラメとわかる、根拠もあやふやな思いつきばかりでした（こういった俗説がどれほど間違っているかについては、拙著『いじめと現代社会』双風舎、広田照幸『日本人のしつけは衰退したか』講談社現代新書、浅野智彦『検証・若者の変貌』勁草書房、などを読んでください）。

また、教育行政のエライ人たちが述べるのも、「もっと道徳教育に力を入れて、他人へのおもいやりの心を育てます」といったたぐいの、発言する本人すら信じているのかどうかあやしい、実体のない言葉に過ぎませんでした。

ひとことで言えば、いじめに関する世の中の議論は、きわめてレベルが低い状態にとどまっているのです。

その状況は、至近においても、残念ながら何ひとつ変わってはいません。今後も、マスコミがいじめ事件で大騒ぎするたびに、一〇年いや、二〇年一日の議論を繰り返す可能性が十分にあります。

学校のいじめを止めるために、何をすべきかがはっきりと見えており、過去数年間、口をすっぱくして言い続けてきた私としては、本当ならばとっくに終わっていなくてはいけない議論の段階にいつまでも踏みとどまっていることが、ゆるせないのです。

とはいえ、いかに効果のある処方箋であろうと、浸透している層がいまだ世の中の一部分にすぎず、多くの人々が知らないのであれば社会的に影響力がないということも、残念ながら認めざるをえないことです。

『いじめの社会理論』は、学術書として世に出した書物です。学術書は、読むのにそれなりの努力を要します。わたしとしては、それぐらい努力して読んでもらいたいところなのですが、何万人もの人々にそうお願いして歩くわけにもいきません。

そこでわたしは、あと二冊のいじめにかかわる本を世に出すことにしました。ひとつは、大学生以上の人を読者として想定した本です。大学入試で国語の試験に合格する程度の人であれば、だれでも、ひとつひとつ論理を追っていくと、いじめについての一から十をマスターできる本です。これは、現在執筆中で、講談社から現代新書として刊行される予定です。これを初級としましょう。この初級のあとで『いじめの社会理論』を読めば、するすると頭に入るのではないかと思います。

それに加えて、さらにもう一つ。高校生でも中学生でも読める、本の流れに身をまかせるだけで、感覚的にコトの本質をつかみとることができるような本を書こうと思いました。いじめは、生々しい生理的な感覚として、ひとりひとりの人生に降ってわいてくるものです。論理を示す前に、まず、ひとりひとりの生々しい体験と追体験に触れてみるような本が必要なのかもしれないと思いました。

本書は、読者がこのようにいじめの追体験に入り、そこから思考を始めるための出発の本、そのような意味で「いじめ入門」の本です。

いじめ問題への有効な対策や本当の解決に向けて必要なこと、それはまず、マスコミのいじめ報道や「識者」といわれる人たちの自信たっぷりの言葉を批判的に受け止めることです。そのためにも、ひとりひとりに〈いじめ学〉への理解がどうしても必要になります。なぜいじめは起こるのか、その仕組みを自分の頭で自分なりに理解したうえでなくては、有効な対策も解決策も生まれません。現代とは、いじめへの本当の対策と解決に向けての一定の枠組み、共通の議論の前提、すなわち〈いじめ学〉が必要なことが明らかになる時代なのです。

本書は、ひとりひとりが、この〈いじめ学〉が必要な時代に生きるための、最初の一歩の書物です。それゆえ、本書の名前を、あえて『いじめ入門』とせず、『〈いじめ学〉の時代』としました。

いじめ学は、この入門から入って、初級（講談社現代新書の近著）から、中級『いじめの社会理論』を経て、さまざまな現代社会の問題に飛び散って行きます。職場のいじめ、ドメスティック・バイオレンス、民族紛争、宗教紛争など、憎悪に満ちた、血なまぐさい世界を、より生きやすい自由で平和な世界にしていく、ひとりひとりの努力が上級（応用編）です。

読者のみなさんと、そのさまざまな活躍の場で、いつか仲間として出会えたらと思います。

さて、全体で十二章からなる本書ですが、より大まかには、四つの部分からなっています。まず、最初の第一章と二章は序論にあたります。世に流布するいじめ論のどういうところがおかしいのか考えるところから始まり、次にいじめを読み解くための最重要キーワード、「中間集団全体主義」という概念について説明します。

続く第三、四、五章では、私、内藤朝雄の個人史について触れています。これは私の主張の具体例として、私が理論を紡ぎ出した過程を読者のみなさんにも追体験してもらいたいと考えてのもので、本書における最大の冒険でもあります。

特に第三章と四章は、私の個人史的な色彩が強い部分です。第三章では私と私の両親との関係について、第四章では、わたしが出身高校で体験したある異常な事件について触れています。前者は私自身が「いじめ」という問題、あるいは人が人を支配する「情欲」の問題を考えるきっかけになった原体験であり、後者では、それがより社会的な中間集団全体主義のかたちで迫ってくる過程をつづっています。そして第五章では、山形県新庄市で、中学生がマットに逆さに突っ込まれて殺された事件の周辺をさまよう、フィールドワークの体験を描きました。これによってわたしは、いわゆる左派や「人権派」のグループの思考から離脱して、右派でも左派でもない、リベラリストの独立勢力として孤立する道を選び取ることになります。

以上の章は、私が私自身の体験から、いつどこでも、あらゆる社会状況に当てはめることのできる論理を取り出すまでの過程をつづったものです。

第六章以降では、『いじめの社会理論』で書いてきた、いじめのメカニズムについて述べています。ただし、これまでとっつきにくいと言われてきた部分を、かみ砕き、直感的なせりふ回しで頭に入っていくように工夫しています。第三章から五章までを読み終えた読者なら、さほど無理なく読み進めることができるはずです。

ここまでをよく理解したうえで、第九章以降につづった、いじめ問題解決策を読んでみてください。ここで描いた解決策は、いじめという枠を超えて、わたしたちの社会が自由な社会へと生まれ変わる、ひとつのきっかけになり得るものです。

この本が、今度こそ本当に、学校のいじめの、そしていじめが蔓延《まんえん》する学校の、抜本的な改革の機運をもたらすことを、願ってやみません。

本書を最後まで読み通して、自分の内側から何かがうごめき始めたような感覚をおぼえた方は、ぜひ入門（本書）から初級（前述の近刊書）、初級から中級（『いじめの社会理論』）へとお進み下さい。そのときあなたは、一生つかうことになる思考の武器を手にしているはずです。

〈いじめ学〉の時代

第一章　いじめの議論はデタラメばかり

某「会長」とのやりとり

いじめを苦にした子どもたちの自殺が立て続けに起こり、新聞の紙面、テレビのニュースがいじめ報道一色に塗りつぶされた二〇〇六年の秋頃、私は都内のホテルでの、ある朝食会に招待されました。

そこで一人の老紳士と名刺を交換する機会がありました。その方は、えらい人なんだろうな、というオーラを発していて、ちょっと緊張させられました。そのまましばらく彼と話をすることになり、いじめについても意見を交わしたのです。

彼はこんなことを言っていました。いわく、「この程度のいじめで子どもが自殺するようになってしまったのはごく最近になってからではないか。昔はそんなことはなかったのに……」。

私は内心、「またか」と思いました。彼に限らず、「いまどきの子ども」のいじめが、(昔と比べて)近年急激に増加したとか、悪質なものになったとする意見、あるいは逆に、いじめられる側の心根が様変わりしたかのように語る意見は本当に、うんざりするくらい多いからです。

実際のところ、「現代の青少年に特有の病理」とやらを仮定している時点でどっちもどっちなのですが、私に言わせれば、これらはいずれも、現実を何も知らないから言えることに過ぎません。

こういった見方も、一種のおとぎ話として語られている分には害はないのかもしれませんが、専門の研究者としてはただ黙って頷《うなず》いているわけにもいきません。だから私はこういう人に出会った時は、できる限り次のように話して現実に連れ戻すようにしています。

「さあ、そうでしょうか? 判明している限りの子どもの自殺統計をさかのぼって見てみると、昔から毎年変わらず『友達関係の悩み』が動機の上位に来てるものです。『友達関係の悩み』って、ごく普通に考えて、多くの場合いじめのことなんじゃないですか?」

私は説明を続けました。

「これを見る限り、昔からいじめによる自殺が日本にあったのは間違いありません。ただしそれを取り上げるマスメディアの側が、いじめに限らず子どもの問題全般にさほど興味がなかったんです。ひとつ、分かりやすい例を挙げてみましょうか?」

私は、資料として持参していた昔の毎日新聞(一九四八年十二月十三日付西部本社版朝刊)を取り出して、再び説明を始めました。

「見てください、当時の子どもが起こしたある事件の記事が載っています。部活で遅くなったことを母親に咎《とが》められた十五歳の少女が、根に持って家族の食事に猛毒の砒素《ひそ》を混ぜ、結果妹二人を殺してしまったという記事です。

これなどは、もし今起きたら神戸の酒鬼薔薇聖斗事件とか、あるいは同級生を刺殺した佐世保の小学生女児の事件のように日本中大騒ぎになるでしょうね。でも当時の新聞は、この事件を単なる三面のベタ記事としてしか報道しませんでした。

代わりにどんな大ニュースがあったのかというと、高校野球の不祥事です。これが『投手に仮病を強要』というデカデカとした見出しとともに載っています。紙面スペースにして、十五歳少女が実の妹を毒殺した『猟奇事件』の、実に約二・五倍です。

新聞が紙面を割くスペースは、その時代ごとの大衆の関心のあり方をほぼ反映するはずです。その前提に立てばこの紙面からは、当時の大衆の一般的な感覚も分かるはずです。

つまり、当時一般の感覚では子どもが犯した人殺しより、野球スキャンダルの方がはるかに重大事だった。そう見るべきでしょう。どうでしょうか、私の言っていることは間違っていますか？」

私は少し緊張しながら老紳士におおよそこのようなことを語って聞かせました。後で彼の名刺を眺めてみたところ思わぬものが目に入ってきました。そこには大手として知られる某新聞社の、「取締役会長」という肩書きが記されていたのです。

「青少年ネガティブキャンペーン」としてのいじめ

私は前著『ニートって言うな！』（光文社新書、本田由紀、後藤和智両氏との共著）で、現在の日本で半ば常識のように共有されている思いこみを批判しました。すなわち、「青少年犯罪が急増している」「凶悪化している」といった言説は、実のところマスメディアによって作られた「体感治安」の悪化に過ぎない。だからもう、こういうデマゴーグに乗せられるのはやめましょう、と言ったのです。

青少年による凶悪犯罪（殺人、強姦）は人口比から見れば明らかに減っています（**図A・B参照**）。一〇—一九歳の未成年人口そのものが減っていることを考えると、実数も激減していることは明らかです。

（出典『いじめと現代社会』双風舎、図Bとも）

図A　20歳未満の殺人検挙者数の人口比（10－19歳人口10万人あたり）

二〇〇五年一月に内閣府が実施した「少年非行に関する世論調査」によれば、「青少年による重大な事件が増えていると思うか？」との問いに九三・一％の人が「増えている」と答えています。しかし同じ調査で、「身近に起こり、問題になっている少年非行」について聞いてみると、「特にない」という人が三四・九％です。以下、喫煙・飲酒・深夜徘徊《はいかい》が二一・九％、自転車泥棒などが二〇・五％、万引きが一八・八％というように、比較的軽微な犯罪が続きます。「重大な事件」と考えられるのは、強盗・恐喝事件の六・一％、刃物などを使った殺傷事件の三・八％です。

要するに、統計上は大部分の人が少年犯罪は悪化したと感じているのに、ほとんど

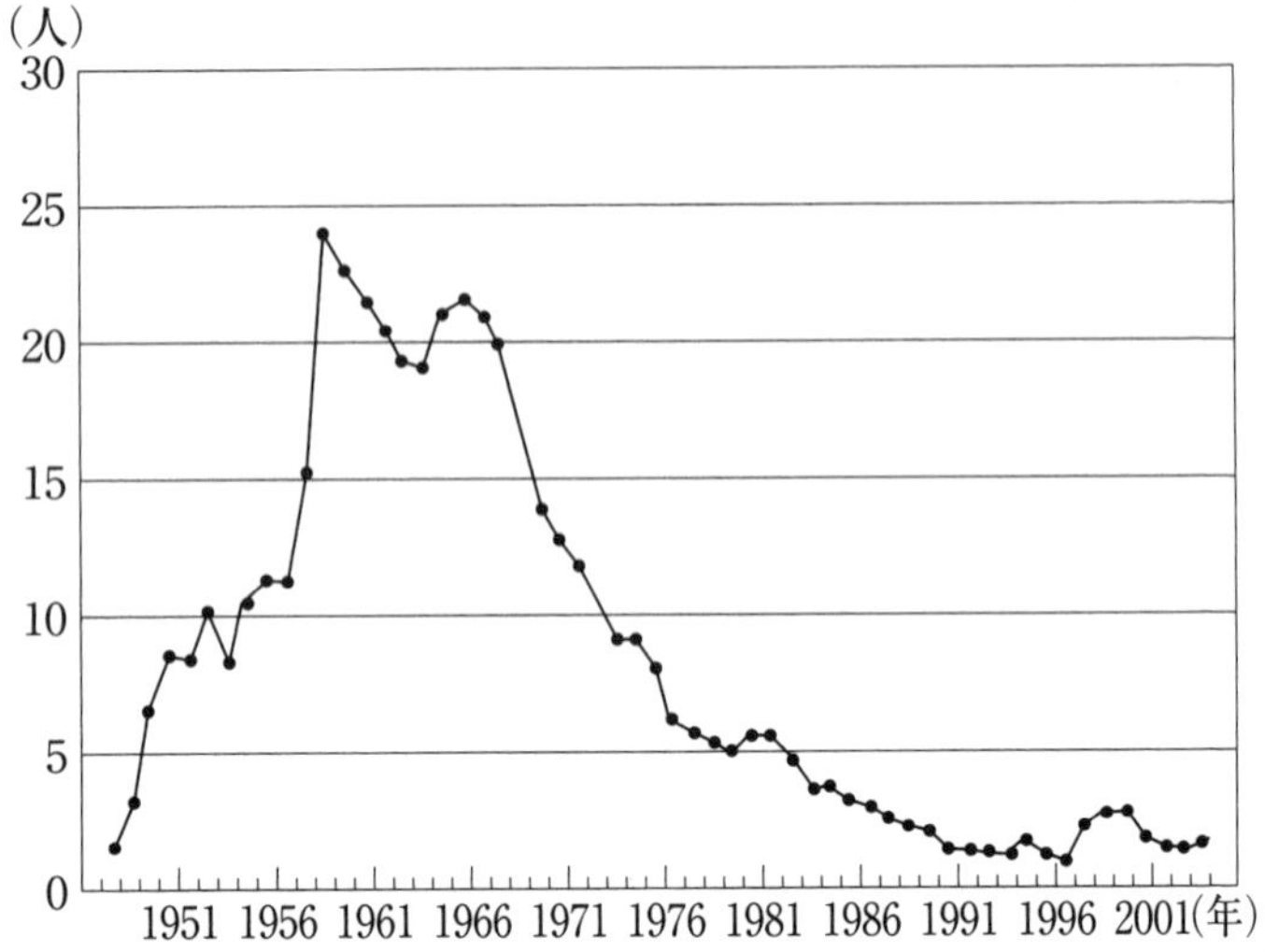

図Ｂ　20歳未満の強姦検挙者数の人口比（10－19歳人口10万人あたり）

の人は、身近なところでは凶悪犯罪に接していないのです。ではなぜそのように感じるかと言うと、マスコミの報道が原因です。マスコミが、極端に主観先行型の不安社会を作っているのです。

　テレビにしろ、雑誌にしろ、新聞にしろ、マスメディアがセンセーショナルなキャンペーンで大衆の潜在的な恐怖を煽《あお》り立て、強引に需要を喚起する手法はいまやどうしようもないほどに横行してしまっています。

「青少年が凶悪化した」
「キレやすくなった若者たち」
「子どもたちが変だ」
「子どもの心が分からなくなった」
「子どもの心が見えない」

「あぶない十四歳」

「あぶない十七歳」

「二十代無職青年があぶない」

「あなたの周りにいる、あの一見普通の子も、いつなんどき牙《きば》を剝《む》いて、あなたに襲いかかってくるかわからない……」

「我が子をニートにしないために！」……といった具合に。

これは、お調子者のマスコミが盛り上げ過ぎたから、という面がもちろん大きいのですが、もっと底の方には大衆が抱える不安や憎悪が、ぶつかる相手を探してふつふつと煮えたぎっている、ということがあります。

青少年はそのために選ばれた標的です。大衆が思う存分不安を投影できるよう、時には恐ろしい怪物として、別の場合には情けないデクノボウとして、都合良く輪郭付けされているのです。

いじめに関しても、この「青少年ネガティブキャンペーン」の構図は見事に当てはまります。キャンペーンの盛り上げに大いに貢献したのは例によってマスコミですが、先ほどの新聞大手会長の話しぶりから察するに、ほかならぬ盛り上げ役がキャンペーンで盛り上げられてしまっている面もあるようです。

いじめにまつわる、いくつもの誤解

とはいえいじめの場合、誤解されているのは、「青少年ネガティブキャンペーン」の文脈からだけではありません。いじめに関して「なんとなく」共有されている常識の多くは、実はそのほとんどが的外れです。

「いまどきの子どものいじめ（だけ）が酷《ひど》い」という見解は、実は二重の意味でズレています。そもそもいじめは、「いまどき」以前に、「子ども」特有の現象ではないからです。

いじめに年齢は関係ありません。もちろん、職業、社会的地位、学歴、収入、教養、性別が異なる、さまざまな集団に起こります。社会的ステイタスが抜群に高い大人同士の間にも、いじめはあります。

様々な国や地理条件において、よく似たいじめが起こっています。いじめが日本特有の文化であるかのように語るいじめ論は後を絶ちませんが、たとえばイギリスなどでも、いじめは問題になっています。

基本的にいじめの実態調査に関しては、後述する理由から統計が役に立たないのですが、それでもいくつかの知見を挙げてみると、たとえばイギリスでは毎年六〜七人の未成年が、いじめが原因で自殺していると言われています（たとえば心理学者のソニア・シャープとピーター・K・

スミスによる報告)。これはイギリスが日本の半分の人口しかいないことを考えると、かなりのものです。

また、暮らしやすさという点ではイギリス以上であるはずの北欧でも、ことイじめに限れば、想像以上に酷い現状が報告されています。

ダン・オルウェーズというノルウェーの著名ないじめ研究者によれば、同国では学校に通う生徒の七人に一人はいじめに関わっていますし、スウェーデンの荒廃ぶりはさらに輪をかけて酷いものだそうです。

オルウェーズの著作には、十三歳の少年が二年間クラスメイトの玩具《おもちゃ》にされた例が紹介されています。それによると、加害少年たちはこの少年をカツアゲし、雑草を食わせ、洗剤入りの牛乳を飲ませ、トイレで集団で殴り続け、あげく首に縄をつけてペットとして引き回しました。そして、警察の取調べに対しては、「おもしろいからやった」と答えたそうです。

もちろんこういった比較は、本来統計資料を提示した上ですべきところですが、残念ながら、ことイじめの研究に関する限り、統計は参考程度にしかなり得ません。というのもいじめの実態を把握する上で本当の意味で信用に足る統計資料は、今のところほとんどないからです。文部科学省が一九九九年から二〇〇五年までの七年間のいじめ自殺を「ゼロ」とカウントしていたことが非難されました。しかし、こうしたデタラメは、調査を学校任せにしている限りいつまでも付きまとうものです。

そもそも、いじめられている人に向かって「あなたはいじめられていますか?」と尋ねても、はっきり「YES」と答えてくれるなどというのは期待しにくいことです。それに加えてこの調査の場合、調査する役目を務めるのが、結果次第で利害が大きく左右される教師、学校です。途中で何の手も加わることなく調査結果が得られるなどと、最初から考えるべきではないでしょう。

全国規模で調査するのなら学校から独立した第三者機関が無作為抽出法で実施するべきです。かつ質問事項にしても、「あなたは複数のクラスメイトから殴られたことがありますか?」「みんなの前で、パンツを脱がされたことがありますか?」「パンを買いにいくよう命令されたことがありますか?」といった具合に、具体的に設定する必要があります。学校の頭をとび越えた、統計的に意味のある大規模調査が必要なのです。

いじめの「原因」、総ざらい

二〇〇六年秋のいじめ報道祭りは、日本人の多くを即席のいじめ評論家に変えました。このようなブームは数年周期で起こっています。多くの人は忘れているかもしれませんが、これはブームの何度目かの再来でした。この時期には、日本全国のサラリーマン、主婦、教師、元教師、政治家、作家、エッセイスト、財界人、コメディアンなど、あらゆる人たちが争うようにいじめについて言及するようになります。そして、職場や居酒屋、そしてテレビや新聞での話題が、いじめ論・教育論で埋め尽くされます。

これらに聞くべきものが全くなかったわけではありませんが、しかしそのほとんどは一面的ないしは牽強付会《けんきょうふかい》に過ぎるもので、いじめという問題の本質から程遠いばかりか、時に無関係ですらありました。

あのとき散々聞かされたものも含め、ここ数年で語られることの多かったいじめの原因や背景について、この際片っ端から検証してみましょう。

〈受験勉強を原因とするもの〉

①受験戦争が過熱したから。

②勉強で「身を立てる」という目的意識が希薄化した結果、学習意欲が低下したから。またこれに伴い、授業が成立しづらくなってしまった（＝学級崩壊）から。

〈子どもたちのモラルや規範意識を原因とするもの〉

③学校空間が過剰に管理されているから。
④学校内の秩序が弱まり、規範意識が薄くなったから。さらにその結果、「子どもたちが何をやっても許される」と勘違いするなど、欲望が野放しになってしまったから。
⑤やりたいようにやることが許されなくなった結果、他人に指示されないと行動できない「指示待ち型」の子どもが増えたから。

〈子どもたちの家庭環境を原因とするもの〉

⑥家族の人間関係が希薄になり、子どもたちに注がれる愛情が欠如しているから。
⑦少子化と核家族化により家族関係が濃密になり、子どもたちが過剰な愛情を受けているから。

〈子どもたちが暮らす共同体や、その中の人間関係を原因とするもの〉

⑧学校や地域社会などの共同体が解体した結果、学校に市民社会のルールが持ち込まれたから。
⑨学校や地域の共同体的な締め付けが強く残っており、市民社会が未成熟だから。
⑩子どもの生活と感覚に占める、学校の存在が重過ぎるから。学校に囲い込まれた人間関係が

濃密化しており、同質性への過剰な圧力が働いているから。
⑪子どもたちの人間関係が希薄になっているから。

〈子どもたちの精神年齢および成熟度を原因とするもの〉

⑫迫害的な集団の力学の中で、「強い者」の不快な行動やいじめに対しては、黙って辛抱するか、「大人びたやり方」でうまく立ち回るしかない状況があるから。つまり子ども社会が大人と変わらない狡猾《こうかつ》さに満ちた「世間」と化しており、子どもたちの中から「純真な子どもらしさ」が失われてしまったから。

⑬子どもが幼児化、未熟化しており、我慢強さが欠如しているから。

〈直接的・間接的な痛みや暴力の体験を原因とするもの〉

⑭テレビゲーム、漫画、アニメなどに頻繁に登場する、露骨な暴力描写のせい。あるいは格上タレントが格下タレントを嗜虐的《しぎゃくてき》にいじくり回して笑いものにする、バラエティ番組の悪影響のせい。
⑮暴力や死を子どもの目から遠ざけ、触れさせないようにしたり、大人たちが甘やかして暴力を体験させなくなった結果、「喧嘩《けんか》の仕方」や「他人の痛み」が分からなくなったから。

⑯親や教師、周りの子どもから痛めつけられ、暴力を学習したから。

〈ガキ大将の影響とするもの〉

⑰子どもたちの集団から「ガキ大将」的な子がいなくなり、リーダーシップが不在だから。

⑱子ども集団に発生する非民主的な身分関係や、心理操作・人心掌握に長けた迫害的リーダーに追随せざるを得ない状況があるから。

〈日本の文化に関係ありとするもの〉

⑲いじめはそもそも日本の文化。

⑳日本の伝統文化が崩壊したせい。

いじめはなくならない。しかし……

現在の日本で、いじめの原因と考えられている主要な論だけでも、ざっとこれだけのものがあります。

なかには最初から事実誤認してしまっているもの、的外れとしか言いようのないものもあります。また、実態にそこそこ近いものもあります。

でも、右のリストを見てみると、⑥「家族の人間関係が希薄になり、子どもたちに注がれる愛情が欠如しているから」や、⑦「少子化と核家族化により家族関係が濃密になり、子どもたちが過剰な愛情を受けているから」といった、矛盾する命題がやたらと目立つと思いませんか？

仮にこの両方がいじめの原因として正しいとなると、「子どもたちに注がれる愛情が希薄になっている一方で過剰だから（いじめが起こる）」などという、冗談ともつかない原因がさらに一つできあがってしまうことになります。

同じような矛盾に満ちた「原因」は、先に挙げた二〇の論にはたくさんあります。その中から最も重要なものを挙げてみましょう。

「人間関係が希薄化しつつ、同時に濃密化しているから」。「子どもたちが幼児化しつつ、同時に計算高い『小さな大人』になっているから」。「秩序が過重であり、同時に解体しているから」……。結局、正しいのはこれらどちらかのうち一方であり、もう一方は単なるデタラメ、ということになるのでしょうか？

もちろんそうではありません。これらそれぞれの「原因」は、結局のところ、子どもたちの生活のある側面は言い当てているけれど、別の側面については見えていない、というに過ぎません。

いじめは、人類共通の病気です。言ってみれば、風邪を引くのと同じくらい普遍的な現象です。

ある人が「なぜ風邪にかかったか」を考え始めると、「薄着で寝ていたから」とか、「手洗い、うがいをしなかったから」「疲れがたまっていたから」など、それこそ千差万別でしょう。そういった個別の原因を調べることに意味がないとは言いませんが、それだけではいつまで経っても、「風邪とは何なのか」が分かりません。

本書ではこの部分、すなわち「いじめとは何なのか」について考えることになります。そして「いじめとは何なのか」が分かった上で、「どうしてそれが蔓延《まんえん》するのか」について考えます。そこまで分かって初めて、「では、その病気にかかりにくくするにはどうしたらいいのか」が分かります。

「いじめをなくそう」という目標を立てるのは、「地球上から風邪を一掃する」と宣言するのと同じくらい無理がありますが、風邪にかかりにくい環境を作ることなら、それよりもずっと簡単にできるかもしれません。本書では一貫してこの視点からいじめを考えていくことになりますが、次章ではそれを理解する上でのキーワードとなる、「中間集団全体主義」という概念について、考えていくことにします。

第二章　私やあなた、ご町内の皆様方のファシズム
——中間集団全体主義

全体主義ってなんだろうか？

日本語には「全体主義」という言葉がありますが、この言葉について私たちが持っているイメージは、普通どのようなものでしょうか？

具体的な単語で表現するなら、

「ナチスドイツ。ユダヤ人迫害。アウシュビッツ。ホロコースト」

「戦争中の日本。特高警察。言論弾圧」

「旧共産主義国家。強制労働。粛清。監視国家」

「イスラム原理主義。タリバン」

「北朝鮮。金日成。金正日。拉致《らち》。テポドン」

あたりが、恐らくはいちばん一般的なところだと思われます。

たしかにこれらの単語に表されるシチュエーションでは、個人の自由よりも「全体」の価値が例外なく優先されます。「全体」に奉仕しない個人が価値を認めてもらえることなどありませんし、「全体」の利益に反するようなら、私たちの目から見て特別悪いことをしていなくても、あっさり殺されてしまうことも珍しくありません。「全体」至上、「全体」が何より大事とされる意味で、これらはまさしく「全体主義」の状態です。

ただし右に挙げたような状況は、いずれも「全体」を「国家」に、ほぼイコールの意味として置き換えが可能です。残忍で非人間的な独裁政治家や官僚に対して、彼らに踏みにじられる庶民、という図式にすべてが収まるのです。実際これまで「全体主義」が非難され恐れられたのも、ほとんどの場合、その構図の枠内でのことでした。

とはいえ、平時はもちろん実は戦時もですが、個人としての私たちが、巨大な国家と真正面から対立して踏みにじられる、というシチュエーションは、実際のところそれほど頻繁にあるわけではありません。

個人としての私たちと国家との間には、学校や職場、あるいは町内会やマンションの管理組合といった、私たちが日常所属している生活空間が介在しています。私たちと国家とは、これら中間的なコミュニティを間に挟《はさ》むことで結びつけられていることの方が、実感としては、圧倒的に多いと言えます。

ところがそのわりには、これら中間コミュニティが「全体主義」の文脈で語られることは、これまでほとんどありませんでした。むしろ、個人と国家とで比べれば個人により近いものであって、いざ国家が圧政に走れば、個人同様犠牲者になりやすいものだ、というイメージすらあったかもしれません。しかし本当にそうでしょうか？

日本において、国家による全体主義が蔓延《まんえん》した一番最近の例となると、やはり戦時中ということになります。そしてこの時期の中間集団に関しては、当時を知っている人による、ずいぶんと多くの予想を裏切る証言が残されています。

たとえば当時の日本には、限られた生活物資を効率よく分配し、労働力を分担するため作られた「隣組」という組織が各地にありました。この隣組での人間関係――よりはっきり言えばいじめ――は、どうやら私たちが想像する以上に過酷なものだったようです。一例として、一九九一年十二月二日付の朝日新聞朝刊に掲載された、六十一歳（投稿時）の女性の体験記を紹介します。


（略）父が英字新聞を読んでいたり、娘二人がミッション系の私立女学校に通っていることが、かっこうの口実にされたのでしょう。子供を産んだばかりの母なのに、水を入れたバケツを持ってはしごを登らされ、町内のおじさんに怒鳴られながら、何度も何度も屋根に水をかけていました。もともと心臓が弱かった母は、その秋、十五日間ほど床に伏し、あっという間に亡くなりました。（中略）防空演習で普通のおじさんが、急にいばりだしたり、在郷軍人が突然、権力を振るいだし、母が理由もなく怒鳴られているのを見て、非常に不愉快でした。私は昔を思い出させる回覧板が嫌いです。白い割烹着《かっぽうぎ》を見ると身震いがします。命令口調の濁声《だみごえ》のおじさんは、もっと嫌いです。ニコニコ愛想のいいお店のおじさんを見ても「いつ、あのころのように変わるか知れない」と、いまだに心を開くことが出来ません。

女性はこの後空襲で家を焼かれ、一家離散の憂き目を見たそうです。しかし彼女を苦しめ、戦争の記憶として刻印されているのは、国家が空の上から落とした爆弾だけではありません。母親を死に追いやった「普通のおじさん」であり、「白い割烹着」に象徴される、近所の婦人たちでもあるのです。

「自由の国」の隣組

こうしたことは何も「隣組」に限ったことでもなければ、言うまでもなく日本に限って起こるわけでもありません。それまで比較的緩やかだった集団でも、「非常時」の大義名分を得ると同時に、内部の人間関係が一転してタイトで過酷なものに変わってしまう例は、どこの国の歴史にもあることです。

政治闘争にかこつけて、隣人の吊《つ》るし上げに明け暮れた文化大革命の紅衛兵はその典型です。旧東ドイツで一七万四〇〇〇人、実に国民の約百人に一人の一般人が秘密警察《シュタージ》に内通し、網の目のように細かい相互監視社会を作っていたのも、その例のひとつでしょう。

また、意外かもしれませんが、開拓時代のアメリカでは、実は隣組的中間集団が全盛を誇っていたのです。

十九世紀初頭のフランスの思想家トクヴィルがアメリカを旅しながら書いた『アメリカの民主政治』(井伊玄太郎訳、講談社学術文庫)には、自由な開拓移民たちが自主的に作り上げた、不自由極まりない社会の実態が、事細かに記されています。

トクヴィルによれば、十七世紀開拓時代のアメリカでは中央集権的な権力支配はないに等しく、民衆の間でも民主的な自治の精神が広く尊重されていました。しかしその代わり、清教徒《ピューリタン》的な潔癖な価値観に従うよう、民衆が民衆の自治によって、あまねく律せられており、その適用の厳格さは、個人の自由など存在の余地すらないほどに凄《すさ》まじいものでした。

『アメリカの民主政治』においてトクヴィルは、十七世紀のコネティカット州を引き合いに出しつつ、当時の清教徒たちのコミュニティで、神を冒瀆《ぼうとく》したり、魔法に耽《ふけ》る者が、あるいは親に暴行したり、配偶者以外の人間と性交渉をした者が厳しく死刑に処せられていたことを指摘します。そしてそればかりでなく、怠惰な生活におぼれたり、酒に酔うだけでも厳罰に処せられていたこと、また信仰に関しても、キリスト教以外の他宗教はもちろん、クエーカー教やカソリックなど他の教派を信奉した者が、鞭《むち》打《う》ち、投獄、追放、死刑の憂き目を見ていたこと、教会への礼拝は罰金でもって強制され、婚前交渉を行った者は、鞭打ちのうえ結婚を命令されたことなども、ひとつひとつ例示しています。

驚くなかれ十七世紀のアメリカは、「みんなの決まり」を決めさせられ、違反すると反省を強要される、まるで小学校の学級会のような国だったのです。

いじめ発生装置としての中間集団

このように見ていくと分かるように、中間集団とは、国家による全体主義とそぐわないものでは決してありません。むしろ国家全体主義が強まれば強まるほど、お互いがお互いを利用するかのように分かちがたく結びつくところさえあります。

戦前の日本、文革時の中国、戦中のドイツや戦後の旧東ドイツ、その他いずれにしてもそうですが、世の中が全体主義の風潮に染まり始めると、まず最初に取り込まれるのは、中間集団です。

国家全体主義であれ、中間集団全体主義であれ、多くの場合、全体主義に取り込まれた中間集団では、集団全体が個々人に過剰に参加を強制するようになり、個人に対する集団の自治の力を強めます。そしてその中で参加者たちは、「公」や「全体」に身を捧げることの熱狂と、かつてなくお互いの心と心が密接する環境にアテられ、すっかり「盛り上がって」しまいます。

ただ単にみんなが盛り上がってしまうだけならいいのですが、それだけでは済むはずはありません。というのも、そのように不自然に心が近づきあった状況では、適度に距離を置きあっていた環境では表面化することのなかった妬《ねた》みや悪意が、むき出しのまま解き放たれてしまうからです。

こうした中間集団内部に発生する全体主義は規模こそローカルなものですが、個人を心身両面で痛めつける度合いに関しては、国家スケールの全体主義と比べてもなんら劣るわけではありません。

　またも戦時中の例になりますが、軍国日本にはナチスのヒトラーユーゲントを真似て作られた「大日本少年団」という組織がありました。町会ごとの分団、さらに隣組ごとの班単位に若者たちを編成し、自治と協働を担わせるというものです。

　中間集団全体主義が威力を発揮するのは、この大日本少年団内部でも同じです。子どもたち同士のいじめが戦時中、この少年団が発足する以前も各地にあったのはわざわざ言うまでもないことですが、しかし各地に少年団が結成されて加害者、被害者ともに団に組み込まれるようになると、それ以前にあったいじめもさらに加速し、エスカレートしてしまいます。

　さらにこのいじめは、子どもたちが集団で疎開するようになると、一般的にますます酷《ひど》くなる傾向がありました。子どもたちを取り囲む共同体の輪が小さくなり、お互いの心理的距離が狭まれば狭まるほどに、いじめはより過激に、起こりやすくなるのです。

全体主義は今も私たちをむしばむ

　現在の日本には、民主的な手続きで私たちの代表者たる議員を選出する議会制度があります。私たちが罪を問われても、裁判を受ける権利も保障されています。およそ政治制度の面だけで言えば、日本はすでに市民的な自由が約束された民主的な国であるはずです。

しかし日本の場合、戦前・戦中に作られた政治制度が戦後軒並み撤廃されて先進諸国の標準的なスタイルに作り替えられてきた一方で、学校や職場などの生活空間のあり方は、十分に改善されたとは言えません。

これが今何を私たちにもたらしているかというと、中間集団の内部に発生する独特のキッさを、甘んじて受けなければいけないという状況です。私たちの社会は、こと中間集団のキツさに関しては比類のない水準を誇って（？）います。

近頃でこそあまり聞かなくなりましたが、「社畜」という言葉が日本のサラリーマンを指す一般的な言葉として使われていたのは、それほど昔のことではありません。この時期、企業が従業員本人ばかりでなくその家族までも社宅に住まわせて取り囲み、社員の妻や、子どもまで強制的に巻き込んだコミュニティを作らせてしまうのは、わりと当たり前のことですらありました。

日本の会社共同体には、社員に対して報酬に見合う働きをすること以上に、会社共同体への全人格的な奉仕を求める傾向が強くあります。「同僚みんなと心をひとつに」「会社のために忠誠を尽くす」ことが事細かに強制されました。

これは裏を返せば、会社共同体に人格全部でもって参加できなければ、人格的な自由も、会社に囲われた「社畜」以外の人間としての存在も否定されかねないということです。自覚することなく通り過ぎてきた人も多いはずですが、これは、考えてみれば考えてみるほどにキツいことです。

たしかに戦後の日本には全体主義的な政府はなくなりましたが、それは単に、全体主義を司《つかさど》るセクションが国家ではなく、学校や会社といった中間集団共同体に移っただけだ、と言うこともできます。

その意味では私たちは、自分たちでもそれと意識することなく、約七十年前と同様、全体主義が支配する国に住んでいるということになるのです。

取り残された学校

ただし大人の場合、社畜と呼ばれる傾向は年ごとに少なくなっています。しかし、学校での全体主義ぶりはまだまだ相当なものです。

勉強を習得する以上に「生徒らしい態度」とか「みんなと仲良く」を要求される度合いは、会社よりもさらに苛烈《かれつ》です。そうした集団内部の抽象的な秩序に、若者たちが絶え間なくがんじがらめにされているのが学校という場所なのです。

多くの子どもたちが、仮に今特定の誰かからいじめられるということはなくても、何か巨大なものに巻き込まれ自分を失ってしまうのではないかという予感に、日々おびえながら学校に通っています。

いじめの問題に取り組むということは、つまるところ、そういった日々感じている漠然とした不安や、捉《とら》えどころのない生きづらさに向かい合い、対抗することでもあるのです。

中井久夫がくれた希望

この章はもうすぐ終わりですが、最後にいくらかの希望をもらって次章に進みましょう。

精神科医の中井久夫氏の「いじめの政治学」(『アリアドネの糸』みすず書房所収)というエッセイには、中井氏自身が子どもの頃体験した大日本少年団時代の思い出が綴《つづ》られています。

このエッセイでの中井氏の観察眼は、少年団内部の実際のいじめの描写もさることながら、敗戦とともに団が解散した際の描写に、余すことなく発揮されています。中井氏はこのように書いています。

小権力者は社会が変わると、別人のように卑屈な人間に生まれ変わったこの言葉は一読したところ、立場によってコロコロと人格までも豹変《ひょうへん》させてしまう、人間という存在の醜さについて表現しているように見えるかもしれません。しかし私はいじめの研究者として、この一文以上に希望を抱かせてくれるものはない、と考えています。

先に、隣組に母親を奪われた女性のエピソードを紹介しましたが、ここでも女性の母親を死に追いやった威張り屋は、戦争が始まる前までは単なる「愛想のいいおじさん」だったわけです。

実際彼は、戦争が始まって社会が変わると「鬼のような形相」で女、子どもにまでどなり散らす野蛮人になってしまいましたが、それでもひとりひとりが適度な距離を取って生活することができる市民社会の中で生きている限りにおいては、彼はやはり「愛想のいいおじさん」であったわけです。

中間集団全体主義がはびこる場所の特徴は、少なからぬ「愛想のいいおじさん」「親切なおばさん」「爽《さわ》やかなお兄さん」たちを、野蛮な狼《おおかみ》に変貌《へんぼう》させてしまうことです。

しかし、法律や経済原則が機能し、お互いの心と心が必要以上に近まらないで済む状況では、彼らはやはり「それなり」に、あるいはそれ以上にも善良な人々だったりするのです。

私たちがここから学べる教訓は二つあります。ひとつは、善人でも世の中がファシズムに陥ると野蛮人になってしまうことがあるという危険性。そしてもうひとつは、その裏返しでしかありませんが、一定の条件さえ整えば、陰惨な人間であっても「そこそこ」善良にはなりうるということです。

大切なことは、群れた隣人たちが狼に変わってしまうメカニズムを解明し、この働きを阻止する仕組みを作り上げることです。それができるなら、学校、職場、地域、果ては民族紛争まで、規模に関係なくあらゆる草の根全体主義に適用できる法則たりえます。

となれば次章より、すぐにでもそのメカニズムの解明に移りたいところですが、この部分についていきなり述べるとなると、どうしてもいくぶん抽象的な論考になってしまいます。そこで今回これを述べるにあたっては、私がいじめの問題について考えるようになったきっかけから普遍的で汎用的《はんようてき》な理論を構築するに至る道筋の一部を、読者の皆さんにも追体験してもらうことにしました。

道筋というだけに、ここには私の個人的体験も多く含まれています。したがって私自身、このような事柄を読者にさらけ出すことにとまどいもあるのですが、他の中途半端な例を挙げるよりは、このほうがはるかに理解してもらいやすいのは確かです。

私は自分自身の体験をヒントに論理を組み立てているとはいえ、そこから、いつどこでも、あらゆる状況に適用できる論理を導き出すように、常に心がけています。

第三章　父と母

私はなぜ「いじめ学者」になったか

そもそも私がこのいじめという分野を研究するようになるには、三〇年前、私自身が当時いた学校でのある事件が関係しています。

恐らく私の出身高校の名前は、ある年代より上であれば、聞いたことがあるという人も多いはずです。

愛知県立東郷高校――。いわゆる「管理教育」（という呼び名がふさわしいとは、私は考えておらず、正しくは「中間集団全体主義教育」と呼ぶべきだと考えています）が全盛だった一九八〇年代初頭、私の出身校はその代名詞的存在として、全国に名を知られていました。

私は十四歳の時、必死で拒んだにもかかわらず、この学校への入学を両親に無理強いされました。第四章で詳しく述べることになりますが、そこでは「教育」の大義名分を振りかざした教師たちが、日常的に生徒を殴り、蹴《け》り、ありとあらゆる手段で人の尊厳を踏みにじろうとする、極限的状況が繰り広げられていました。

あまりの酷《ひど》さに耐えかねた私は、やがて彼らと戦うことになり、そして最後は強制的に「自主退学」させられてしまいます。

それまでの過程でさらに凄《すさ》まじい暴力、肉体的、精神的な嫌がらせを体験することになったのですが、しかしおそらくそれだけでは、私の人生がここまで歪《ゆが》められることはありませんでした。

私にとって今に至るまで消すことのできない傷になったのは、その学校に私をぶち込んだのが、ほかならぬ両親だったということです。

子どもは親を選ぶことはできません。私のようにたまたま自分を生み育てる人が極端なパーソナリティの持ち主であった場合、彼らから逃げて独りで生きていく手段は、子どもにはありません。要するに、子どもは親を選べないのです。

この章および次章では、私がいじめ発生のメカニズムを説き明かすきっかけとなった、私自身の生い立ちについて述べることになります。読者諸氏におかれましては、これを踏まえ、後半以降に述べる論理を理解する一助としてくださることを願います。

「知恵おくれ」だった幼少期

私は成人するまでの大半を愛知県で過ごしました。

それなりに長い年月をこの地で暮らすことになったのは、当時東京の大学に助手として勤務していた父が、名古屋の大学に助教授として赴任したからです。

私の家は学問を家業にしているようなところがあり、父は工学部教授、母は学者ではないものの、結婚前は大学の研究室で働いていました。

幼い頃の私は、精神年齢が他の子に比べてことのほか低く、いわゆる「知恵おくれ」に近いところがありました。

今でも不器用なところは大いにあるのですが、学童期の私は、同年齢の子どもに比べて、かなり発達が遅れた子どもでした。

とうぜん勉強もできなければ運動も不得手だったのですが、それ以前にひどく落ち着きがありませんでした。最近で言うところの注意欠陥・多動性障害（ＡＤＨＤ）だったのか、正確なところは分かりませんが、当時は教師の話を一〇分ぐらい聴いていると決まってイライラしてしまい、そのうち何の理由もなく、机をゆすったり、前の席に座る子の頭をぴちゃぴちゃ叩《たた》いたりしていたものです。

学校の朝礼では、前に教員が横一列に並び、それに向かってゾロリと生徒が並ぶと、その間に大きなスペースが空いていました。私のいた小学校では、そのスペースを、「キャーッ」と叫びながら走り回っている子がいつも二人だけいたのですが、一人は、「精神薄弱児」と言われたあっちゃんという子。もう一人はほかならぬアサオくん、つまり私でした。小学校一、二年生の頃の私といえば、万事そんな調子だったので、周りからは完全に浮き上がってしまっていました。

六年生に上がる頃になって、ようやくそうした傾向も落ち着くようになり、友達もできるようになったのですが、当時の友達と連れ立ってトイレで用を足している際、ふと思い立って彼に、「ねえ、僕一年生の時、どんな感じだった?」と質問してみたところ、「うーん、朝雄くん、幼稚園の子みたいだったよ」と言われたくらいです。

とはいえ、ぴくぴくした「教育強迫」の少ない生育環境であれば、私のような「知恵のおくれた」子であっても無理せずに育てていって、思春期を過ぎたあたりで普通の子になってメデタシメデタシ、というくらいの平凡な話で済んだのだと思いますが、おそらく私の親はそういうふうには思わなかったようです。彼らは私が学校でしたことを聞かされるたびに、地獄に突き落とされたような顔をしていました。

私にしても、中学に上がる頃には他の子どもが楽しんでいることを同じように楽しめるようになっており、友達と付き合うことの面白さも感じられるようになっていたのですが、両親に限っては、私という人間はいつまで経っても「普通」でない、彼らの心の平穏をかき乱す異常な子どもだったようです。

両親の憎しみ

「知恵おくれ」である私に対して、両親はことのほかつらく当たりました。彼らが「こうあってほしい」と望むところの子どもとは程遠い子どもだった私は、彼らをいつもひどく苛立《いらだ》たせました。

母は専業主婦だったのですが、ダメな子を持つ専業主婦の母親でも、「ダメならダメなりに」とおおらかに受け止められる人はいくらでもいます。しかしやはり不幸なことに、私の母はそういうタイプではありませんでした。

彼女にとって、不本意にも「こんな子どもに育ててしまった」というのは、彼女にとって、自分という存在の否定にほかならないのです。一度など私は、母親から面と向かって、「（お前の）弟と妹さえ居なかったら、ガス管を咥《くわ》えてお前と一緒に心中しようと思った」と言われたことがあるほどです。

一方で二つ下の妹と、それよりさらに二つ下の弟に関してはそのようなことはありませんでした。彼らは基本的に両親に対して従順そのもので、「いい子」でした。

両親の怒りは私に集中し、私は家族の中の、「病気の中心」になりました。親の憎悪が私に向かう中、親には向けられない憎しみは妹と弟に向けられました。親の見えないところでは、私は妹弟をよくいじめていました。それを妹や弟が親に言いつけ、親がまた私を憎むという繰り返しでした。

ある時は小遣いをはたいて、母の誕生日にケーキをプレゼントしたこともありました。喜んでくれるものと期待したのですが、彼女は、ただセカセカセカセカした憎々しげな感じで「そんなものはいらないからいい子になれ」と言いました。

母との生活

母が自分のアイデンティティを子育てに置いてしまったのは、母が専業主婦だったことに幾分関係あるのだとは思いますが、母はまたいくつかの点で、台所仕事にも妙なこだわりを持っていました。

母のどういう点が奇妙かというと、彼女は食材をすべてひとつひとつ丁寧にラップで包み、冷蔵庫の中のあらかじめ決まった場所に配置しておかないと気が済まないのです。私が断わりなく冷蔵庫を開けて中にあるものを食べたり、配置を崩してしまうともう大変です。そんな時の彼女は、まるで「お前のせいで私の世界が壊された」とでも言わんばかりの剣幕になり、一切の容赦なしに怒りをぶつけてきました。母が血道を上げる「教育」「躾《しつけ》」とは、「お前が私の思いどおりにならないおかげで、私の世界が壊れてしまったではないか。どうしてくれるんだ！」という、手前勝手な憎しみによる復讐である、ということだけは、ハッキリとわかっていました。

ところで、食材の配置にはものすごくこだわるくせに、母が作る料理ははっきり言ってとても食べられたものではありませんでした。おそらく、材料を火に掛けるタイミングや時間、調味料を使い分けるためのセンスなどが根本的に欠落していたのではないかと思いますが、少なくとも私にとって、母の料理は口にするのに、とても苦痛を伴うものでした。

ある日の食卓で、私は母の作った食事に対し、つい正直に「まずいから食べたくない」と言ってしまったことがあります。それを聞いた母の顔はみるみるうちに歪《ゆが》み、口からは「おいしいのに……！」と憎々しげな呟《つぶや》きがもれ、そして、私は、丸一日分の食事を抜かれ、家の外に放り出されました。

外ではとってもいい先生

一方で先ほど述べたように、妹と弟はどういうわけか一貫して従順そのもの、美しく自己完結した母の世界を乱さないいい子でした。母のネチネチした感情は私にぶつけられました。

中学に入学したばかりの頃、私は母に「浮気でもしろよ。そうすればそのネバネバした気持ちの悪いドロドロが僕に向かなくて大助かりだ」と言ってみたことがあります。この時は、いつもにもまして怒り狂った母とのあいだで一悶着あっただけだったのですが、なんとその後間もなくして、母が外に働きに出ることになりました。繊維メーカー「帝人」の愛知工場内にある、夜間高校の非常勤講師として働きに出ることになったのです。

すると程なくして、家の中の空気が以前より明らかに快適なものになっていることに気がつきました。これは私にとって、実に願ってもないことでした。

結局母が教師をしていた期間は二年間だけだったのですが、その間、よく家に夜間高校での母の教え子たちが遊びに来ていることがありました。その様子を見る限り、母は夜間高校では（私に対するのとは対照的に）いい先生だったらしく、生徒たちからもずいぶん慕われていたようです。

ここで不思議なことが起こりました。母が外に働きに出ている間、物心ついたころからずっと続いていた、私の妹や弟に対するいじめがなくなったのです。

その後、この帝人の夜間高校は、帝人の工場自体が閉鎖になってしまったのに伴い、閉校になってしまいます。そして母も専業主婦に戻ると同時に、私へのネチネチが復活し、家の中にも元のギスギスした険悪な空気が戻ってきてしまいました。私にとってもこの夜間高校の閉鎖は、本当に残念な出来事でした。

学者としての父

一方父に関しては、少なくとも学者としては才能のある人で、私自身もある時期までは、父のことをひとつの理想像として見ていました。

父は大学を卒業してからは一貫して研究者として勤めるのですが、彼なりにいろいろなことがあったとは聞いています。

東京の大学で助手をしていた頃には、師事していた教授がお抱えの弟子たちを全員引き連れ、防衛大学校に移ることになったらしいのですが、数いる助手の中で父一人だけが、自分の好きな研究ができなくなるという理由でそれを拒否してしまうということがありました。この結果、彼の命運はこの大学では風前の灯となりました。

助手時代に不利な境遇にあったこともあって、名古屋の大学に救われるまでの父は、一転してずいぶんと卑屈な男になりました。

彼自身は全くの下戸だったのですが、別系列の有力者の研究会に顔を出し、その有力者の飲み会にもマメに顔を出すようになりました。そこで飲み会帰りの運転手をしたり、さらには彼らの子どもたちのために、家庭教師を無料でしていたこともあったそうです。

父はこの時の話をしながら、「こころから相手のことを思っていれば、自然と通じる。こころから相手のために奉仕する誠意が大切だ。自分がこれをしたのだから、相手にはこうしてほしい、といった考え方はいけないことだ」と、私に語りました。

この論理は、たしかに、純粋な愛のモードにはふさわしいかもしれません。

しかし父は、この純粋な愛の用途にのみふさわしいモードを、「相手の運命をどうにでも左右できる強者（＝学会のボス）と風前の灯とでもいうべき境遇の弱者（＝かつての父）」、あるいは「生殺与奪権をにぎる強者（＝親や教師）と生殺与奪権をにぎられた弱者（＝子どもや生徒）」の屈従関係の中に、その下位部門の「部品」としてぶちこみ、濫用《アブユーズ》＝虐待したのです（アブユーズ［abuse］という言葉には、濫用と虐待という二重の意味がある）。

このことを、当時の私は、直感的に感じ取っていました。私は、父を汚らわしいと思いました。

学会のボスは力があり、一方で当時の父は力がなかっただけのことで、これはお互いの好き嫌いとは関係ないはずです。力のない側が、力のある側の命令にいやいや従うだけではなく、力のある側を「こころから」好きにならなければいけないとしたら、これは実に汚らわしいことです。そうではないでしょうか。

当時、マンガの立ち読みを叱《しか》られたことがきっかけで、仲良くなった本屋のおやじさんがいました。彼はその時、すでに中年期にさしかかっていましたが、一度も女性とつきあったことがないと言っていました。彼はよく、私にトルコ風呂（特殊浴場、現在の「ソープランド」）やキーセン（韓国人売春婦を指す。当時、買春ツアーである「キーセン観光」が日本で流行していた）の話をしてくれました。

彼はこんなことを、熱っぽく語りました。

「日本のトルコ嬢には、心がない。金を稼ぐためだけにやっている、という態度が見え見えだ。ところがキーセンのお姉ちゃんは、本当の恋人のようにつきあえる。恋人のように、じゃなくて、本当に恋人になっちゃうんだよ。情けが深くて、ほんとにすばらしい。だから、こっちもとろけちゃうよ。君だって、いつか大人になれば女を買うよ。ワッ、ハッ、ハッ」

少年時代の私は、こういうおじさんたちから耳学問をしていたのですが、内心、なんとも情けないなあ、と笑っていました。

しかし笑えない感覚もありました。当時の私は、父が学会のボスにしていたこと、そして父が私に無理矢理要求していることは、本屋のおやじさんが得意げに語るところの、キーセン嬢の行為と同じだと、感じていたのです。

心の中で舌を出しながら、外見上だけ相手に調子を合わせて利益を得るならば、まだましです。しかし、「こころから」、つまり、自分の魂の深いところから精神的な売春をするのであれば、それはじつに汚らわしい、みじめなことだと思ったのです。

よく風俗の連鎖ということが言われます。ソープ嬢がホストを買い、ホストがソープ嬢を買う。父も、それと同様、自分が学会のボスにしていた（魂の深いところからの）精神的売春を、自分が圧倒的な力を振るい、絶対的に運命を左右できる子どもに執拗に要求しました。

それを私が不当なことであるとつっぱねると、父のほうが被害を受けたという言い方をしていました。

奇妙なことに父は、有無を言わさぬ高圧的な強制を息子から拒否されたとき、この「被害」に対する復讐《ふくしゅう》として徹底的な痛めつけを行い、「朝雄は、高圧的な言い方をするからいけない。だからこんな目に遭うんだ」と言ったものです。また、「そんなことでは、社会で生きていけないぞ」と、まるで自分が「社会」であるかのような言い方をしていました。

父は、よく小さな子どもが自分のことを「ライオンだぞ」と言うように、自分を「社会だぞ」と言い張っていたわけです。父は親権という最終兵器を握りしめ、法に制限されない圧倒的な暴力を振るい、学費を払わないぞ、入学願書のサインをしないぞ、だからおまえの将来はおれの気分次第でいくらでも閉ざされるのだぞと脅しながら、息子が自分に対して「こころから」の精神的な売春をするよう執拗に強いるのですが、それを子どもを「社会」に適応させる教育、と意味づけていました。

そして、子どものための教育であれば何をやってもいいという論理によって、人間としてやってはならないことへの歯止めを、きれいにとっぱらってしまいました。

父と私とサイエンス

この父にしても母にしてもそうなのですが、東郷高校への入学強制という決定的な出来事が起こるまでは、綱渡りのような危うい均衡の上に置かれながらも、彼らと私は親子ではありました。

彼らとの生活の中で、ごくまれに気まぐれのように訪れるポジティブな瞬間が、きわめて儚《はかな》く、頼りない関係ではあったにせよ、私と両親を、かろうじて家族として結びつけていた、ということだと思います。

父との場合、それは「自然科学」という共通語であることが多かった気がします。小学生時代の私は他の科目はからっきしだめだったのですが、理科だけは大好きで、同時に大の得意でした。

父もそうした私の長所を理解してくれており、当時クラスでただ一人、私だけが自分専用の顕微鏡を持っていました。ビーカーやフラスコなど、主だった実験用具は小学校四年生の頃までには一通り揃《そろ》えてもらっていたし、丸善で分子模型を買ってもらったこともあります。

当時私が将来に思い描いていた夢は、父と同じように科学者になることでした。

父から受けた虐待

しかし、結局のところ私と父との関係も母と同じ、もしくはそれ以上に、悲惨なものにしかなりませんでした。

ある夏の暑い日、私は父から風呂に入れと命じられました。しかし私は、暑い日に熱い湯に浸《つ》かるのが嫌だったので、風呂桶《おけ》に冷たい水を張って、その日は水風呂で済ますことにしました。

風呂場から出てくると、ベルトを鞭《むち》代わりにした父から、「躾《しつけ》」と称して何度も何度もぶたれることになりました。

何も着ていない裸の体に、力いっぱいに革のベルトを何度も叩《たた》き付けられたせいで、私の体にはそこかしこにミミズ腫《ば》れができました。明らかに常軌を逸している父の行動ですが、彼はそれを眉《まゆ》一つ動かすことなく平然とやりました。そして彼はこの仕置きが、「(ネズミや犬が行動を学習する)条件反射を叩き込む実験」であって、鞭に打たれる私が「パブロフの犬」であるということを、淡々と、無表情で言い放ったのです。

この時に限らず、父は私に対して、よくこのような「教育」を行いました。彼にとって「異常な人間」である息子が「このままでは世の中を渡っていけない」以上、鞭による条件反射を叩き込んでも「まともな人間として矯正《きょうせい》しなおす」必要があるとの理屈は、父の中では全く整合性の取れたことのようでした。

ポルノ漫画に衝撃を受ける

物心ついて以来毎日のように、こうした両親からの「教育」を受けながら過ごしていた私は、小学生のある日、どうしても耐えられなくて、泣きながら家を飛び出してしまったことがありました。

その日は母の作った食事に、思ったままに「まずい」と言った結果、「おいしいのに」という憎々しげな、有無を言わせない言葉を投げつけられ、朝から食事抜きを言い渡されていた日でした。それだけに、「自分で食べ物を買って独りで生きていくことさえできれば、あんな酷《ひど》い親の言いなりになんかならなくて済むのに」と思うと、悔しくてたまりませんでした。

行くあてもなく、独りで公園のベンチに座って泣いていると、広場に一冊の雑誌が落ちているのが目に入りました。近づいてよく見てみると、それはポルノ専門の漫画雑誌でした。その時まだ小学生の私に、そこに描かれているような男女のセックスが分かるはずはもちろんありません。

しかし、雑誌をパラパラとめくっているうちに目に付いたエロ漫画のとあるワンシーンに、ガキだった私が強烈に目を奪われてしまいました。

その漫画のヒロインは未亡人かなにかで、たしか、とてもお金に困っているという設定でした。細かい流れは覚えていませんが、いろいろあった末、彼女は金持ちの老人に妾《めかけ》として囲われることになるというストーリーだったはずです。あからさまに醜く描かれたその禿《は》げ上がった老人に、ヒロインは乳房を揉《も》まれたり、身体中を舐《な》めまくられたりとありとあらゆる辱《はずかし》めを受けます。汚らわしいその行為のさなか、老人は彼女にこんなふうに言い放ちます。

「どうや、どうや？　お前、顔では必死に拒んどるけど、ワシにさわられて、ここはこんなに濡《ぬ》れとるで⁉」

「お前はワシのもんや！　ワシの思い通りや！　お前ワシの、囲われモンや‼」

貧乏な未亡人と金持ちの老人がしている、その行為の具体的な意味はよく分からなかったにもかかわらず、このシーンを読んだ瞬間、幼い私はこの可哀相《かわいそう》なおばさんと自分が同じ境遇であると感じました。

このなぶられているおばさんは私であり、そしてあの嫌らしい老人は父であって、母でした。

「ああ、この体を舐められたり、さわられたりしている女の人は、こんな嫌らしいことをされるのを、本当に、心の底から嫌がってる。でも、この禿げた爺《じい》さんにとっては、女の人が心の中で嫌がっているってことは、どうしても許せないことなんだ。女の人をさわることで、女の人自身が『こころから』気持ちよくなってくれないと、この爺さんは嫌なんだ。だから爺さんは女の人に『今お前は気持ちがいいんだぞ』とか、『もっともっと心の底から気持ちよくなれ。心全部で俺のものになれ』という意味のことを、何度も何度も、しつこいくらいに繰り返すんだ」

幼い時分にそこまではっきりと言語化できたわけではありませんが、言葉になる以前の感覚で、私はこのように理解しました。そしてこのポルノ漫画に出てくる貧乏なおばさんが、私自身と全く同じ立場に置かれていると感じ、衝撃を覚えました。

そして同時に、私が父や母から求められているのが、表向きの素直さや服従ではなく、自分自身の「こころから」の気持ちとして彼らに服従することだということ、そして両親の心の、延長として生きることであることを改めて噛《か》み締めることになり、とても哀《かな》しくなってしまったのです。

中学生時代

ところが両親から受けていた理不尽な支配は、私が中学校に上がったくらいの頃、思わぬ形でその一角が崩れはじめました。

それは、父や母の考え方が変わったことによって起こったことでは全くなく、単に私が成長期を迎え、身体が急激に大きくなったことによるものでした。小学生時代まであったような、親、とくに父との圧倒的体力差がなくなったのです。

ベルトでの鞭打《むちう》ちのような制裁は、鞭打つ父と、打たれる私のあいだに体力差、体格差があってこそ可能なことでしたが、私の背は小学校高学年頃から急に伸び出し、中学校に上がる頃には完全に父の背丈を追い越してしまいました。ある時、父と柔道をやったら、簡単に父を負かしてしまいました。これで父としても、暴力に訴えるような「教育」はやりにくくなってしまったわけです。

しかし思えばこれをきっかけに、父は私を懲《こ》らしめる暴力以外の方法を（彼自身がそう意識していたかどうかは知りませんが）探すことになったのでした。

いずれにしても私にとって、中学生時代は比較的穏やかな時代でした。母親は先に述べたように、二年ほど夜間学校の先生として働きに出てくれたおかげで、ネチネチしたエネルギーが薄くなったし、父親からも体力差が逆転したおかげで、理不尽な暴力を受けることもなくなりました。小学生の頃のような、妹弟へのいじめも減っていきました。

「知恵おくれの朝雄君」は卒業して友達も沢山でき、また中学校の教師たちとの関係もそれほど悪いものではありませんでした。

この時期の私は、テストの最中に急に「漢字は必要ない」と思って答えをすべてひらがなで記入する実験をしてしまったり、あるいは職員室で教師たちを相手取って、「生徒会長を選挙で選ぶなら、校長だって選挙で選ぶべきだ」と議論をしたりしていました。だから教師たちにとっての私は、ある意味話題の存在ではあったようですが、かといって彼らも私のそうした言動を大してうるさがるわけでもなく、時にはけっこう面白がって聞いているようでした。

彼ら教師陣が頭を痛めていたのは、私などではなく、むしろ対ヤンキーの生活指導でした。

ヤンキーの生徒たちが自動販売機を壊して釣銭を盗んだりするたび、彼らはいちいち対処しなくてはいけないので、私の相手をするよりも、こちらのほうにはるかに多くのエネルギーを割かなくてはいけなかったのです。

そのように、小学校に比べるとずいぶん波乱の少ない中学校での生活は私にとっても割合楽しいものでしたが、そうこうしているうちにあっという間に「進路選択」について考える時期になってしまいます。

愛知県の教育事情

かつての愛知県では、私立高校より公立高校のほうがハイレベルだったのですが、名古屋、豊橋、一宮、岡崎、刈谷の各市の公立校では、学校間の学力格差・序列の解消などを建前に、「学校群」という制度が導入されていました。

これは、公立高校が地域ごとに「群れ」を作り、合格者はそのうちのひとつに振り分けられるという制度です。旧一中の流れを汲む旭丘高校などの名門高校も、当時皆この「群」のひとつとして組み込まれていました。

「群」の学校は校則などによる締め付けが特別厳しいわけではなく、特に名古屋市内にある名門校に進学できた場合は服装も自由であったりと、それなりに楽しい高校生活が送れることになっていました。

しかし、その「群」には組み込まれることなく、まったく異質な教育を実践していたのが、東郷高校や天白高校、豊明高校といった、一九六〇年代の終わりから七〇年代の半ばに相次いで設立された通称「新設校」です。これら新設校は、そもそも当時高校にまで波及しつつあった、学生運動を抑止することを目的に、地元の保守系政治家らが後押しする形で設立されたものだと言われていました。そして私が高校受験を控えていた当時、新設校に期待されていたのも、当時の仲谷義明知事が旗振り役になって推進していた、いわゆる「管理教育」のモデル的役割でした。

したがって万が一これら新設校に行くことになってしまった場合、自由を失うどころか、毎日教師の暴力を受け続け、刑務所のような暮らしをしなくてはいけないことは、すでに私も知っていました。なかでも東郷高校は、一番最初に作られた管理教育の実験場でもあり、新設校の中で特に締め付けがきついことで有名でした。だから私は、常々ここだけは行きたくないと思っていたのですが、出身中学の教師たちの間でもそれは同様で、「内藤だけは東郷に入れたらまずい」という共通認識があったそうです。

生まれて初めての猛勉強

公立にさえこだわらなければ、成績中位でも合格できる私立高校が名古屋にもあったのですが、私の場合私立は選択肢にはできませんでした。二年生の時点で父から、「公立以外には行かせない。ただしその代わり、国公立であればどの高校でも構わない」と言われ、約束を交わしていたからです。

成績上位者のための名門校に行きたいとはまったく思っていなかった私ですが、かといって奴隷のような生活が待っていると分かっていながら新設校に行く気はさらさらありませんでした。

しかし、それを避けてそこそこ自由な高校生活を送るためには、名門といわずとも、名古屋市内にある「群」の学校のどれかには、何があっても合格しなくてはいけません。内申書でいえば、五段階評価の平均が最低でも「4」以上である必要があります。一方で受験勉強を始める前の私の成績といえば、理科以外の科目はどれも五段階で「1」か「2」ばかりでした。このままだと新設校に行くしかなくなってしまうわけで、そこでさすがの私も、しばらくは勉強に集中することに決めました。

勉強を始めて約半年後、私の成績は平均で「4」程度になりました。

愛知県の公立高校入試の場合、内申点に掛かる比重は他県に比べても高い傾向がありました。だから入試まで数ヵ月を残してはいましたが、「群」の学校の中の下クラスに合格する分には、この評点で半ば保証されたようなものでした。本番の入試でもよほどのアクシデントが起きない限り、もはや不合格はありえない成績です。

もちろん、もっと勉強すればさらに「ランク」が上がる余地はあったのかもしれませんが、最初から最上位を狙わず、「学校群」に合格して自由な高校生活を送ることだけを目指していた私にしてみれば、その成績でもう十分です。だから私はその時点で、「これ以上の受験勉強は必要なし」と、あっさり決めてしまいました。そのときは、数ヵ月後に自分の運命が暗転することなど、知る由もありませんでした。

信じられない裏切り

「公立に行け」という父親から出された条件をクリアできるのはもはや確実だったので、受験の直前になっても、私は特に焦ることなく毎日を過ごしていたのですが、それもある日突然に、父親から一方的に約束を破られるまでのことでした。

「東郷に行け。でなければ中卒で働け」

父は何の前触れもなく、私にそう命令しました。「私立に行くことは許さないが、国公立であればどこでも構わない」と約束したのはほかならぬ父でしたから、これはもう、信じられない裏切り行為でした。

私は当然抗議しましたが、とはいえこの時すでに、父がこの命令を下した理由は分かっていました。

小学生の頃のように暴力で圧倒できない父にとって、息子の「将来」を人質にとっての脅迫は、進学に託《かこつ》けた私への復讐《ふくしゅう》だったのです。

そのことを見抜いた上で私は、「僕の何がいけないのか、それを直すから言ってくれ」と尋ねました。しかしそれを聞いた父は、「お前のそういうところがいけないんだ」とかえって激《げっ》昂《こう》しました。ただでさえ、「自分が上の者への『こころから』の服従の気持ちがおのずから通じることこそが大事」と信じる父にとって、「自分が何かをする代わりに、そちらは何かをやめてくれ」と申し込むことは、「交換条件の提示」であり、彼の父としての身分的な「気持ちよさ」とは全く相容れないものだったからです。

ましてや父親である自分に対して、「息子に過ぎない」私が独立した人格として交換条件を持ち出すなど、彼からすれば高圧的な、許しがたい傲慢《ごうまん》以外の何物でもありませんでした。この時の怒りに満ちた父の口ぶりには、私によって自分の世界が損なわれたという被害感が、隠しようもなく漲《みなぎ》っていました。

「俺が何を望んでいて何を望んでいないか、お前はいつでも、俺に言われるより早く察知しなければいけない」

「俺を、いつであろうとも気分よくいさせろ」

「そのためにお前は、常に俺と気持ちが通じ合っていなければいけない」

「俺の心の一部として、心の延長として生きろ」

父が私に長年にわたり求め続けてきたのは、彼のこのような身勝手な欲望に応じることでした。この欲望は、私との体力差が逆転して以来果たせずにいたものですが、この時高校進学に際して、運命を逆転させられた私が心の底から打ち震える様を見て、父は大いに溜飲を下げたはずです。

「お前にそれができないのは、我《が》が強すぎるからだ」

「私は親として、その欠陥を矯正《きょうせい》してやらなくてはいけない。だからお前に、罰を下すのだ」

幼い頃の私をパブロフの犬に貶《おとし》めた時と同じように、父はこの時、東郷高校への入学を強いるという「教育」を執り行うことで、私への復讐を果たしたのです。

この東郷高校進学をめぐっての父の裏切りと、入学後に彼らが学校と結びついて私を踏みにじったことが、それまでかろうじて保たれてきた均衡を、元に戻せないほどにメチャクチャにしてしまったのでした。

ヨブと神の関係

旧約聖書に『ヨブ記』という物語があります。

これに登場する主人公ヨブは篤《あつ》い信仰の持ち主でしたが、その神に悪魔が、「ヨブといえども、利益もないのに神を敬うでしょうか？　彼の財産を奪ってみなさい。きっとあなたのことを呪《のろ》うでしょう」と囁《ささや》きます。

神は悪魔と賭けをすることになり、そのせいでヨブは、彼自身は受けるいわれが全くない、無数の受難に遭遇します。全財産を略奪されるだけでなく、天災に遭い、子どもたちを失い、果ては全身に皮膚病を患って妻にも見捨てられるなど考えられる限りの不幸に襲われます。ヨブは神に問います。「私は神の言いつけを守ったのに、どうしてこういう目に遭うのですか？」。でも神にとっては、ヨブのそういう、神に対して「条件を示す」態度が、「人間の分際」で生意気なのです。最後にヨブは、魂の奥底からの徹底的な屈従の境地に至り、「主は与え、主は奪う。主のみ名はたたえられよ」と、神を賛美します。このヨブの態度に神はいたく満足し、ヨブを元の恵まれた境遇に戻してあげます。ごくかいつまんで言うならば、そのような物語です。

父が私に望んだのは、神とヨブの関係だったのだと思います。父にとって、「○○という条件であれば△△」という普遍的なルールによる支配は、どうしても許せなかったのでしょう。

「俺の気分のいいようにしろ」

「『こころから』そうなって、本当に生まれ変わって、それを俺が感じなければダメだ」

私が、東郷高校以外は行かせないという父に「何が望みなのか。条件を示してほしい」と言うと、「そういうふうに条件を示せと言うようではダメだ。俺が気分がいいと感じるようにならなければいけないんだ」という憎悪が返ってきました。『ヨブ記』に出てくる、神の気分を味わおうとしているかのようでした。そして、思い通りにならない子どもに対する復讐《ふくしゅう》の道具として、あの東郷高校を使ったのです。

第四章　愛知県立東郷高校

オリエンテーションでの出来事

東郷高校が話に聞いていた以上に狂った場所だということは、入学して数日のうちに、嫌というほど思い知らされることになりました。

入学してしばらくは、講堂でオリエンテーションを受ける日が続きました。新入生はこのオリエンテーションで、校歌に始まり、応援歌と応援の型、「東郷賛歌」、集団行動の練習、そして髪の毛や靴下の色、教師や先輩、クラスメイトと話すときの言葉遣いなど、東郷高校で生活する上での、諸々の「型」を叩《たた》き込まれることになっていました。

「靴下の色は男子は無地の黒。女子は無地の白。詰襟の学生服の下は白のカッターシャツ。ボタンダウンのシャツは厳禁。頭髪は長髪または丸刈り……」

教師たちによる、「型」に関する講習がひたすら続けられました。

二日目か三日目には、私は早くもそのオリエンテーションのくだらなさに耐えかねており、漠然と話を聞いているうちについあくびをしてしまいました。

すると、それを遠目から見ていた教師のAが怒号とともに近寄ってきて、私の胸倉をつかみ、そのまま私の体を前後左右に激しく振り回してきました。私は面食らったまま、Aによって強引にステージのところまで引きずりだされました。

するとAは唐突に、「持ち物検査をするから、ポケットの中のものを全部出せ」と言い出しました。仕方なくポケットの中のものを出したのですが、その中にハンカチなどと並んで家にあったプラスチック製の靴べラと財布があり、それを見たAは、「財布の中身も出せ」と命じてきました。

私はもちろん嫌でしたが、財布の中を開けて見せました。その日はたまたま普段より大きめの現金が入っており、見咎《みとが》めたAは、「なんだこの大金は？　学校にこんな額の金を持ってきて、何に使うんだ？」と、猛然と説教を始めました。

私がつい、「こんなことで……」と本音をもらすと、Aはさらに激怒しました。大の大人がこの程度のことにそこまで興奮してしまうことに驚いて私はもはや声もなかったのですが、そうこうしているとAはいきなり私の靴べラを取り上げ、私の頭に向けて真上から激しく叩《たた》きつけました。私の頭が痛かったのはもちろんですが、ぶつけられた靴ベラの方も、衝撃のあまりペコンと折れてしまったほどでした。

この酷《ひど》いオリエンテーションの後、私はすぐに職員室に行き、Aに向かって、「さっき先生が叩き折った靴ベラ、弁償してください」と要求しました。

Aはなんともいえない表情で私を睨《にら》みつけていましたが、やがて自分の財布の中から千円札を取り出し、私に手渡しました。

私が「千円もいらん。五百円くらいでええと思う」と言うと、Aは「うるさい！」とどなりつけ、私を追い返しました。

家に帰ってから父親にその日のことを話したところ、父は話を聞いて驚き、「先生にそんな失礼なことをしてはいかん。明日すぐに返して来い」と言い、逆にAに金を返すよう、私に命じてきます。そこで仕方なく、翌日再び職員室まで行きAに千円を返そうとしたのですが、AはAで、「そんなもん受け取れるかバカヤロー！」とどなるばかりで、さらに怒りの火に油を注いだだけでした。

【再録】〝熱中高校〟って、なんだ（一九八一年）

入学した最初の数日がすでにこの調子でしたから、私が東郷高校に在籍した二年弱の期間というのは、まさに毎日が、これを上回る狂気じみたエピソードのオンパレードでした。その中でも主要な出来事は、私が十七歳の時、太郎次郎社の『ひと』という雑誌に寄稿した文章にまとまっています（一九八一年二月号に掲載）。

これは、東郷高校の教師による暴力、生徒へのいじめ、そして軍隊のまねごとをやめさせようと運動を起こしたものの、最終的に教師たちによって学校を追い出されるまでのことを中心にまとめた手記です。この手記に対しては発表した当時、決して小さくない反響がありました。

一九九〇年代以降に高校生活を送った人からすれば、ここに書いた内容はほとんどSFのようなものかもしれません。しかしこれらはいずれも私自身、ないしは友人が体験したことであって、四半世紀前の日本の高校を舞台に本当に起こったことばかりです。

〝熱中高校〟って、なんだ——愛知・東郷高校で何が行なわれているか

内藤朝雄（『ひと』一九八一年二月号、太郎次郎社）

[はじめに]

ぼくが高二までかよっていた愛知県立東郷高校は、一九六八年、現《ママ》・仲谷愛知県知事（内藤注・この記述は間違い。当時の知事は桑原幹根）が教育長のときに〝新設校プラン〟のモデル校として創立された。愛知県の県立高校は、大別して、新設校と既設校というふうにわけてよばれていて、東郷高校以後にできたのは新設校、それ以前からあったのは既設校というわけだ。そして、それ以後につくられる新設校は東郷高校を手本にしてつくられている。

その東郷高校で、どんな教育が行われているのか、ぼく自身の体験と同級生や下級生からきいた話をまとめてみたいと思う。こんな学校が、愛知県だけではなく、全国に広がりつつあることに腹がたつからだ。

すべて集団で統一

東郷では、授業のはじめと終わりに起立・礼をして、そのときに「お願いします！」「ありがとうございました！」と叫ばされる。英文法の授業のはじまるとき、こんなことがあった。

みんなが「お願いしまあす！」と叫んだとき、急に教師がおこりだした。「おまえら、〝お願いしまあーす〟とはなんだ」。こうしてこの教師は、「お願いします」の「ま」と「す」の間隔があいたのが気にくわんというだけで、一時間えんえんと説教をつづけ、授業をつぶしてしまった。

入学してしばらくは毎日オリエンテーションがつづけられる。オリエンテーションでは、応援の型、校歌、応援歌、東郷賛歌、集団行動の練習、そして、髪の毛や靴下の色やことばづかいなど、もろもろの東郷高校で生活するための〝形〟を植えつけられる。東郷の教師たちは口癖のように、「ものごとは形からはじまる」と言って、なんでもかんでも同じにしなければ気がすまないらしい。

靴下の色は男子は無地の黒、女子は無地の白。つめえりの学生服の下は白のカッターシャツ。ボタンダウンのシャツは許されない。頭髪はたてまえとしては長髪または丸刈りとなっているが、一年生の九〇％は教師の指導によって坊主刈りにさせられてしまう。長髪といっても、後ろ半分がつるつるの極端な刈りあげだ。もちろん、パーマ、ウェーブなどはいっさい許されない。そのほか、ありとあらゆる生活のスタイルが統制されていて、したじきに人気歌手の写真をはさんでいただけでなぐられた女生徒もいる。

「一〇分間清掃」のときは、授業が終わると、生徒は整列して教師を待つ。教師が来ると、班長が番号をかけ、一歩まえへ出て、「〇年△組、総員×名、異常ありません、確認します！」と叫んでまた点呼。そして、例のあいさつ。「お願いします！」「ありがとうございました！」。

応援練習では、生徒に間隔を少しとって整列させ、応援部員の生徒が手本を見せる。「ウォッス！」「ウォッス！」「フレーッ！　フレーッ！　東郷！」。みんなはそれに合わせていっせいに演技をしながら、「フレーッ！　フレーッ！　東郷！」と叫ぶ。そのとき、教師たちは生徒のあいだを歩きまわり、声の小さいのや動きの鈍い生徒をなぐったり、蹴ったり、えり首をつかまえてまえへひきずりだしたりするのだ。

集団行動訓練の一例として(東)《マルトウ》訓練というのをあげてみよう。クラスごとに運動場に整列して点呼、あいさつ。つぎに室長がクラス旗を持って運動場のあちこちに走って行き、そこで「〇年△組、集合！」と叫ぶ。その叫びが終わるか終わらないかのうちに全員はダーッと全力で室長のところへ走っていき、整列、すぐ点呼。これを一時間中くりかえすのだ。

あるとき、教師は集団行動訓練のときに全員のまえでこんなことを言った。「おまえらは入学すると同時に、自動的に〝予備隊〟に編入されている。予備隊では東郷町で災害があったりしたとき、救助活動などをするから、こころしてかかれ」。

「心のふれあう教育」を自称する東郷教育。しかし、なんのことはない、内実はただのつめこみ教育で、丸暗記が主になっている。いつも授業中に一人ずつ順番に当てたり、小テストをしたりして暗記したかどうか確かめる。また、一日中、机にしがみついていないとできないような宿題を毎時間のようにだす。

そして、暗記してこなかったり、宿題をやってなかったりした生徒はなぐられたり、正座させられたり、廊下に出されたり、いついつまでに職員室に来て暗唱しろとか言われたり、罰として大量の宿題を出されたりする。そのために、数人を除いて全員正座で授業をしたり、授業中に一〇〜二〇人ぐらいの生徒が廊下で正座していることもしばしばだ。また、呼び出しを受けた生徒のために、いつも職員室には生徒がいっぱいいる。

教師に罰を出されるようなときに、生徒は自分から罰を言いださないと、もっとひどい罰を受けるから、「坊主にします」とか、「一週間、毎朝、先生の下駄箱の掃除をします」とかと言わざるをえないのだ。

夏休みには四日間の学習合宿がある。ぼくは参加を拒否したが、友だちの話によるとこういう内容だ。生徒は強制的に部屋に閉じこめられて、一日に一二時間ぐらい勉強させられる。教師は竹刀を持ってウロウロし、寝ている生徒がいると水をかけたりする。休憩は四時間ごとに三〇分あるが、その時間以外はトイレにも行かせてもらえない。ぼくの友人は「こんな状態で勉強できるはずがない」とこぼしていた。

夏休みは、林間学校やら出校日やら草取り作業やら部活動やらいろいろあって、実際に休めるのは二〇日弱だ。それも一年生のことで、二年生からは補習授業が加わるから、もっと少なくなる。出校日には宿題のチェックがあって、やっていないと正座や草取りが待っている。

東郷の元服式——林間学校——

「林間学校は東郷の元服式だ」と教師たちは言っている。一年生の夏休みにわざわざ長野県まで出かけていって、何日も軍隊まがいの生活を送らせるのだ。それだけではなく、林間学校の練習というのまでやらされる。飯づくりの練習というのをやらされたこともあった。太陽がかんかん照りつける日、みんなは運動場に集められ、説教がはじまる。

「お願いします！」「これから飯づくりの練習をする。ところで、ひとこと言っておくが、絶対に水を飲むんじゃない。みんなノドが乾いてもがまんしてるんだ。それを自分だけ水を飲もうなんてかってなことを考えてはいかん！」「ありがとうございました！」

全員、学校の裏のあき地へ行って穴を掘り、薪を運んで火をつけ、飯とカレーを作った。煙のために咳がでてたまらない。顔はすすで真っ黒けになり、ガンガン照りつける太陽のために頭はフラフラする。水が飲みたい！　しかし、目のまえには水道の水がありながら、教師が見張っていて飲めない。まるでおあずけをくらった犬みたいだ。そして、数人の生徒は水を飲んで教師になぐられて、みんなのみせしめになった。

さて、林間学校の当日、ぼくたちは名古屋駅に集合した。そこで「フレーッ！　フレーッ！東郷！」と叫んで手をたたかなければならない。それから校歌も歌わされる。通行人がものめずらしそうに見ていく。みんなとても恥ずかしそうだった。電車のなかでは寝てはいけない、薄っぺらい林間学校のしおり以外、何も読んではいけない、だれとも話してはいけないということになっている。それを破った生徒は、教師に呼ばれて、「指導」される、たっぷりと。

電車から降りると、整列して、エールをし、校歌、応援歌を歌わされる。東郷高校を賛美する歌詩が勇ましいメロディーとからまりながら一人一人の心にしみこんでくる。みんな元気いっぱいに大声をあげていた。

電車から降りて、宿舎までは二列縦隊で行進する。駅から宿舎まではすごく長い距離だ。行進しているあいだ、一人一人、順番に「フレーッ、フレーッ、東郷！」とかけ声をかけ、全員が同じことを叫ぶ。宿舎に着くと、教師がかわるがわる長ながと説教。そして、やっと部屋にはいる。教師はひっきりなしにみまわりにきては生徒を「指導」しに連れ去っていく。その部屋は「黒ゆりの間」と言われ、生徒から恐れられている。水道の水は飲んではいけないことになっているが、のどが乾くから、多くの生徒がこっそりと水を飲みにくる。彼らは水道のところで待ち伏せしていた教師に捕まった。

朝早く、笛がピーッと鳴ると起床だ。笛の音と同時に全員サッと起きあがり、顔も洗わずに走って、宿舎のまえの広場に集合。「一！　二！　三！……」「○年△組、総員×名、異常ありません！　確認します！」。遅れた生徒はまえに立たされ、あとから呼び出しを受けて「黒ゆりの間」へ。こうして林間学校の一日が始まる。

食事のときは蛾のさなぎとかバッタのつくだにとかが出て、それをぜんぶ食べなくてはならない。魚の骨もむりやり食べさせられる。皿に汁が残っているとしかられるので、皿をなめるとか、こんにゃくでぬぐうとかしなくてはならない。食事は全員、大部屋で食べる。

その大部屋にはステージがあって、教師に捕まった生徒たちが、捕まったときにしていた動作を再現させられて、「私は○○しました。どうもすみませんでした！」と叫ばされる。電車のなかで新聞を読んでいた生徒や遅刻した生徒などがつぎつぎと恥をさらした。みんなは「友だち」の恥辱をさかなに大笑いしていた。

女生徒数人が恥ずかしそうにステージのうえにすわった。そして、「私たちはこんなにひわいな格好ですわっていました。どうもすみませんでした！」とでっかい声で叫んだ。でも、ぼくが見たところ、べつにひわいでもなく、普通の格好だった。あとから彼女たちに聞いてみたところ、女すわりでないすわり方をしていたら、教師に指導されたということだった。

東郷高校では、ちょっとした場所の移動はほとんど隊列行進でやる。山登りのときもそうで、一人一人、順番にエールを叫んでいった。ぼくはそれがいやなので拒否した。すると日ごろ温和なクラスメートがぼくの頭をぶん殴った。ぼくはびっくりした。「みんながやっていることをやらないのはよくない」ということなのだ。

とにかくみんな体力を消耗し、教師を恐れ、肉体的にも精神的にもヘトヘトに疲れ切っていた。それが最高潮に達した最終日の夜、キャンプファイヤーがあった。美しい星空の下、森の木々がまわりに茂り、かすかに川の音が聞こえる。広場の中央には巨大なファイヤーがごうごうと燃えていて刺激的だ。

教師たちは上半身裸になり、火を囲んで、足を開き、手をふりまわしながら「エッサッサー、エッサッサー!」と叫んで走りまわる。それにつづいて男子生徒が上半身裸になって、「ウォーッ、ウォーッ!」と叫びながら、走りだした。

それからものすごく大きな音で東郷音頭というのが流れてきて、みんなは輪になって狂ったように踊りつづけた。まるでロック・コンサートのような巨大な音だ。ぼくは頭がボーッとしてきた。みんなはヘラヘラ笑いながら放心したみたいに踊る。ほんとうに異様な顔つきをしていた。顔の筋肉がゆるみきっていて、笑っているのだが、まるで生気がない。ヘラヘラヘラヘラと笑っている。

ぼくもなんだかへんな気分になってきて、一瞬、「東郷が正しいんだ。いままでのぼくがまちがっていたんだ」という気が起こった。ぼくは恐ろしくなってきた。

最近の東郷高校では東郷音頭のかわりにロックを流して生徒を踊り狂わせる。生徒たちは何回もアンコールと叫び、興奮して教師を胴上げするという。

熱狂的な行事

東郷高校では学校行事が息をつくひまもないくらいにたくさんあって、一年中、学校行事とその練習をやっているか、テストのために暗記をしているかで、ほかのことを考えるひまがない。最初は教師がむりやりやらせて、さぼったりしたらぶんなぐる。そうしているうちに、生徒たちは極端に熱狂してきて、教師とともに泣くこともある。

そのうえ、怠慢な生徒をほかの生徒たちが寄ってたかって圧迫することもある。たとえ露骨に圧迫しなくても、みんなが大声をはりあげているときに、自分だけ黙っていることは、いいようのない恐怖と罪悪感を感じてしまうものだ。

学芸会のような行事では教師たちはよく滑稽劇をやる。それをみて、生徒はよく笑う。「ゴローを泣かすな!」という劇があった。ゴローというのは伊藤吾郎という学年主任の教師の名まえだ。東郷では教師を敬称なしに呼んだら、当然なぐられるが、こういうときだけは許される。

この劇のストーリーはこうだ。生徒の成績が悪くて、三年の学年主任のゴローは進路指導に悩む。彼は「オレは泣きたいよ」とあわれっぽく叫ぶ。それで、生徒たちは「先生はあんなにぼくたちのことを考えてくれているんだ」と感激する。そして、出演者全員で、ゴローを泣かすな！　ゴローを泣かすな！　とシュプレヒコールをして幕。生徒たちはみんなでっかい声で大笑いする。教師の一挙手一投足に満場からの大爆笑がまきおこる。また、教師たちは衣裳をつけてピンクレディのものまねを踊ったりする。そのときの爆笑は「ゴローを泣かすな！」どころのさわぎではない。

ところで、東郷の教師はとてもよく泣く。ぼくの友人のAさんが男女交際がばれて「指導」されているとき、教師が「オレはおまえを信じていたのに、裏切られるとは！」と言って泣きだした。また、あるとき、三年生の模擬試験の成績が悪かったので、教師たちは全員を武道場に集めて正座させた。そして、「おまえら、やる気がない、たるんどる」とかいうことを入れかわり立ちかわり説教した。興奮しすぎた教師たちが「オレはなさけないぞ！」と叫んで泣きだした。それにつられて多くの生徒も泣いたという。

体育大会になると、生徒は各クラスごとにでかいカンバンをつくって運動場のクラスの応援席に立てるのだが、毎年、教師の顔をマンガふうに描いたのが多い。またクラス対抗の応援合戦は、男子はガクランにタスキ、ハチマキでドラムカンをたたきながら、勇ましいリズムに合わせて応援の型をやる。勇ましければ勇ましいほど教師は高得点を与えるらしい。

体育大会の開会式のとき、各クラスが三列縦隊に隊列を組んで、吹奏楽部のマーチに合わせて行進する。先頭が校旗をかかげて行進。そのつぎに六人で日の丸を横にして行進。そのつぎにまた六人で校旗を持って行進。それから各クラスがつづく。そして朝礼台の下を通るとき、クラスの先頭の生徒が「かしら、右！」と叫ぶ。クラス全員が片手をピッと台のうえの教師のほうへあげてあおぎ見る。

親は大歓迎

ところで、親の反応はというと、東郷の教育を歓迎しているのである。ひじょうに受けがいい。なぜか。第一に教師は親のまえにいるときは生徒思いの熱血人情教師になっているからだ。親はその「熱意」に動かされる。第二に教師に文句を言ったりしたら、かわいい子どもが何をされるかわかったもんじゃない。子どもたちは人質なのだ。第三に、とにかく高校だけは出てほしい、三年間がまんすれば、〝一流〟大学は無理でも、ひょっとしたら〝二流〟大学にははいれるかもしれないと空想するからだ。

学校の方針に反対しないという意味で消極的な親たちが、いつのまにやら東郷高校の熱心な支持者に変わってしまう。それにあわせて〝二流〟大学合格の空想もふくれあがり、進学がもっともだいじなことのように思われてくる。また、生徒にしても日々の生活が苦しければ苦しいほど、大学へ行けばすべてが解決して幸福になると空想し、それがみんなの信念になる。

しかし、その空想は無残にもうちくだかれてしまう。それは東郷の進学指導を見ればあきらかだ。教師たちは国公立大学合格者数をふやすために入試レベルの低い国公立大学を受けさせる。そのために国立大学合格者の三三％は農学部であるとか、ずいぶん離れた沖縄の琉球大学へ一二人合格とかいう数字になってでてくる。また、大学に合格しそうな生徒たちは一人につき十数校の私立大学を受けさせられる。高校の進学レベルはのべ人数で計られるからだ。たとえば、一人の生徒が一六校の大学を受けて一〇校合格したとすると、あたかも一〇人の生徒がそれぞれその一〇校に合格したかに見える。もちろん、受験料は親が払うのだから、十数校も受けたら莫大な金がかかって困るだろう。

それに東郷では浪人させないことをモットーとしているから、教師は「浪人したら入試のための書類を書かん」とおどかす。とにかく教師にさからうと、「指導」されて受験どころではなくなる。それで、みんなはしかたなく教師の言うがままに大学を受けさせられてしまう。

はみ出しは制裁

さて、こんな集団的・統一的な規制からは、当然はみだすものがでてくる。しかし、東郷では、はみだしたり、さからったりすることは絶対に許されず、徹底的におどかしと暴力によって「指導」される。もちろん、恋愛もご法度だ。

A子さんは、自分がされたことをぼくに話してくれた。彼女は男女交際が発覚して、教師に身体検査をされ、そのとき持っていたラブレターと恋人との会話のはいったカセットテープを奪いとられた。しばらくして、突然、彼女の家に教師がやってきて、彼女の部屋にはいり、引き出しやら戸棚をあけて、なかにあったカセットテープを奪っていった。それから彼女は学校で職員室に呼びだされて大勢の教師たちに取り囲まれた。

プライベートな内容のはいったカセットテープを彼女の目のまえで再生し、ある教師などは、「そんなに好きあっているなら、職員室で彼氏と抱きあえ!」などと言ったという。彼女はあまりのショックに泣き崩れてしまった。

また、A子さんはべつのときにも、男女交際のことで、そのとき以上に激しく「集団指導」されたことがあったそうだ。そのとき、教師は「ほかにもカップルがいるはずだ。言え。おまえの知っているカップルを全部、密告したら許してやる」と迫ったのだ。しかたなく、彼女は親しい友人たちのことをぜんぶ密告してしまった。彼女はそのとき、何も考えられなくなってしまったそうだ。

B君は語る。彼は教師に呼びだされ、「おまえはエールをするときでも、校歌を歌うときでも、なんで一生懸命やらんのだ。どういうつもりだ」と言われた。彼は一生懸命やっていたので、「一生懸命やっています」と答えた。そのとき、彼が口をとがらせているように見えたらしく、教師は「おまえ、オレにケンカ売る気か！」と言って、拳で彼の顔を二発なぐり、つづけざまにビンタを二発くらわせ、頭をつきとばした。

彼は反射的に卑屈な顔になった。すると、教師は温情的な口調で「おまえはすぐにカッとした顔をするのでいかんのだ。社会に出てからそういう顔をしたらマイナスになる。あしたから一生懸命やれよ」と言った。横からはべつの教師が真剣な顔つきで彼に説教した。「おまえッ。先生の言ったことがわかるか。これからは一生懸命やれよ」。

教師たちは、授業中にほんの些細《ささい》なことに腹をたてて、「オレはもう、おまえらの教科担任を降りる。おまえらにもう単位はやらん」と言って教室から出ていくことがよくある。そういうとき、教師はいつも室長（クラス委員）を呼び出して、「僕たちみんなで先生のところへあやまりにいこう。ちゃんと反省してあやまれば、先生だって許してくれる。みんな授業が受けられないと困るじゃないか」などと言わせるのだ。

C君はこんなことを話してくれた。球技大会のとき、担任の教師がカメラを持っていたので、クラスで記念写真をとろうということになった。そのとき、後ろのほうにいた七人の生徒たちは、それに気づかずにしゃがんでいた。それだけのことだったのだが、担任の教師は「おまえたちはクラスの団結を乱した！」と怒りだした。室長が「まあ、とにかくあやまりにいこう」と言って七人は職員室へ行った。担任は「おまえらなんか、もうめんどうみてやらん。クラスにはいらせん。追放だ」と言った。

そこに学年主任のＩがやってきて言った。「球技大会のときはがんばっていたのに、最後がだらしなかったからダメになったな。〝これからはしっかりやりますから、クラスを追放しないでください〟と言ってあやまれ」。生徒たちの頭を手で押さえ、「どう思うんだ。おまえは担任の先生が好きじゃないんか」と言った。生徒たちは「好きです」と答えた。

しかし、担任の教師は、「おまえたちは形だけやっているにすぎない。おまえらの顔を見ているとぜんぜん反省したようすがない。（一人一人に向かって）おまえなんかふてくされとる。おまえはとくにこのクラスをダメにしている。おまえらのことなんか、もう知らん。出て行け」と言って彼ら七人を追いだした。七人は教室にもどり、クラス全員のまえで、室長の「自分たちだけちがった行動をして、すみません！」ということばにつづいて、同じことを叫ばされた。

こういう指導は家庭にまでおよぶ。家庭訪問では、教師は生徒の部屋にはいって、ギターやマンガ、ポスターなどがあると注意する。本ダナをのぞいたり、机の引きだしを調べたり、手紙まで読むこともある。その家庭訪問も、ある日突然やってくることが多いのだ。

人格を喪失する生徒たち

東郷では普通では考えられないほど「密告」が多い。密告が日常的になってしまっているのだ。後輩の話によると、「そんなことをしていると、オレが先生に言ってやるからな」と言う生徒もいるという。ぼくのころでも密告をすぐに許してしまう傾向が強かった。友だちを売ったのがだれかわかっていても、その翌日にはみんなは彼とふざけあっている。密告されてひどいめにあった当の本人ともすぐに元の関係にもどってしまう。そこには「友だちなんて、所詮そのていどのものさ。しんどいつきあいはしたくない」というホンネがかいまみられる。

密告者のほとんどは暴力などふるわれていない。たとえば、「なあ、おまえは内藤とはよくつきあっているほうだな。おまえは内藤が何をしているか知っているはずだ。言え、言ってみろ」といったぐらいのことで、ほとんどの人が密告しているのだ。だから、みんなは「友だち」のことをぜんぜん信用していない。

ぼくが二年生のとき、こんなことがあった。ぼくはよく色のついたカッターシャツや色靴下を学校へはいてきたが、教師たちにことごとく指導され、はぎとられた。そのうえ、ぼくの親はそれらをぜんぶ隠してしまった。そこで、ぼくは友人のD君から色つきのシャツや靴下を借りて学校へ着ていった。そして、教師に取り囲まれたときにこう言った。「これはD君の父親の所有物だから、許可なしにはぎとると訴えられますよ」。

それで教師たちは退散したが、こんどはD君が職員室に呼びだされた。教師は言った。「おまえが靴下やシャツを貸すことで、ひょっとしたら、内藤は学校におれんようになるかもしれんのだぞ。おまえはそれでも内藤の友だちか。なんて薄情なやつだ」。D君はそのとき、強い罪悪感を感じて教師の言うことをもっともだと信じてしまったらしい。D君は、「内藤のためを思って」ぼくに言った。「もらうか返すか、どっちかにしてくれ。貸すということはできない」。ぼくは返した。

すると、ぼくの担任のNがD君に、「おまえのために内藤君がどれほど苦労したことか！　おまえが貸すからいけないんだ！　内藤君はオレのかわいい生徒なんだぞ。おまえなんかちっともかわいくないんだ！」とどなりながら、何発もなぐった。

のちにD君はこう言っている。「東郷の教育は絶対にまちがっていると思うんだけど、いざ教師のまえに出てみると、気が重苦しくなってすくんでしまう。そして、教師に何か言われるたびに、それが正しいみたいに思っちゃうんだ。なさけないなあ」。

でも、それはぼくも例外ではなかった。

ぼくは東郷の教育を変えようとしていろいろやってみたが、それはことごとくつぶされた。

その後、ぼくはなんともなさけない生活を送っているうち、あっさりとT教頭（現在《ママ》、武豊高校校長）に懐柔されてしまったのだ。「おまえは勉強もできんくせにえらそうなことを言うな。既設校の生徒は言われなくても勉強するから自由なんだ。おまえらは言われなくちゃ勉強できないから、東郷でしごいてもらっとるんだ。まず勉強してみろ。おまえが学年順位三番以内になったら何をしても自由だ。そうしてやるから勉強しろ。そのかわり、それまではちゃんと先生の言うことを聞くんだぞ」。

こうしてぼくは自分から頭を丸坊主にして、数か月間、いやらしいガリ勉男になった。教師たちはよくこう言った。「おまえら、先生にしかられてくやしいと思ったら、そのくやしさを勉強にぶつけろ。そして、いい大学へはいって先生たちをザマアミロと見返してみろ！」。

生徒会長立候補者を監禁

こんな状況のなかで、ぼくはどうしてもがまんできなくなって、学校とぶつかっていった。生徒会選挙監禁事件――それはぼくが二年生のときの九月に起こった。それまで教師たちの無茶苦茶なリンチに腹をすえかね、いつか東郷イデオロギーを崩さなくては、と思っていたやさきに一つの事件が起きた。教師がきまぐれで数人の生徒に「職員室で正座しろ」と言ったのに対して、ぼくの友人が「どうしてですか」とたずねたら、いきなりなぐられたというのだ。東郷では「なぜ」ときくことは禁物なのだ。その教師は彼らの担任らとグルになって、ぼくの友人ら数人をあやまらせてしまった。

なぐられた被害者が「どうもすみません。反省します」とあやまらされる。――これは東郷の基本方針の一つだ。教師は「東郷では教師の不正に対しても服従させる。就職してから社会に順応させるためだ」ということを親のまえで堂々と宣言している。

その後、友人たちは教室に残って教師の不正をなじっていた。こうやって怨みの陰口をたたくだけで終わってしまうのがいつもの結末だ。東郷イデオロギーをつぶすにはブツブツ言っているだけではだめだ。自分たちが人間らしく生きるためにはダイナミックに体当たりしなくては、ということはみんな肌で感じていた。ぼくは多くの生徒から「生徒会長になってくれよ」と言われていた。いつも教師にさからっていたので目をつけられ、みせしめにされることも多く、それで有名だったこともある。

それで、「みんなが応援してくれるなら、後期の生徒会長に立候補してもいいが、どうだい」と言ったら、「よし、やろう!」ということになった。これがことの始まりだった。

夏休みがあけて九月。それまで祖母の葬式があったり、体調をこわしていたこともあって、ぼくが登校した日はもう立候補の締切り日だった。立候補するためには二人の推薦責任者と四〇人の署名がいる。推薦責任者は候補者を推薦する演説を全校生徒のまえでしなくてはならない。そのように教師が決めたのだ。

ぼくはいらだった。きょう中に集めなければ水のアワだ。登校してすぐ、選挙管理委員の生徒に用紙をもらった。そして、授業のあいまをみつけては、いろんなクラスをまわって、推薦責任者をやってくれと頼んでまわった。一人はみつかったが、もう一人がどうしてもみつからない。みんなこわがってやろうとしないのだ。自信のなさそうな顔で「いや、ぼくはそういうことに向いていないから……すまん」と言う。

ぼくが立候補しようとしているのがだれかからバレたのか、昼休みになると、担任のNがあらわれてぼくをむりやり面談室にひきずりこんでしまった。ぼくはそこで学年主任のHや生徒会顧問のTや担任のNらに立候補をやめろとしつこく「指導」された。

「生徒会長に立候補するんだったら、〝ぼくは立候補しようと思うのですが、どうでしょうか〟と、ちゃんと生徒会顧問の先生におうかがいをたてて許しをえるのが筋というもんだ」

「おまえは夏休みの宿題をやってないから、立候補する資格はない」

「おまえの成績はどんどん落ちている。このままだと留年だ（ウソ）。おまえは態度が悪いから、ほんとうは退学になってもしょうがないんだ（これもウソ）。おまえが学校におれるのは、オレたちが一生懸命おまえを学校にいられるようにしよう、しようとしているからなんだ。ほかの先生がたはみんな〝なんで内藤みたいな気にくわんやつを学校においとくんだ〟と怒っている。

でも、そんなことはいいんだ。オレたちはおまえのことをかわいいと思っているんだからな。わかるか、その気持ち。おまえが学校におれるのはオレたちがいるからなんだぞ。だがな、これほど言っているにもかかわらず立候補したりしたら、もう知らん。かわいいとも思わん。おまえはもうこの学校にはいられなくなるでな。なあ、内藤、頼むから立候補をやめてくれ、オレたちはこんなにしてまで頼んでるんだぞ」

「おまえのようなチンピラが立候補したら退学だ」

このようにして昼休みは全部つぶされ、五時間めが始まる鐘が鳴った。

午後の授業がすんでからの放課後、ぼくはまず署名から集めることにした。ぼくは一年生のあるクラスにはいって、思っていることをしゃべった。そこにいた生徒は一人を除いて全員署名してくれた。四〇人までもうあと少しだ。

ぼく以外にもう一人、立候補者がいた。教師にむりやりやらされた人だ。立候補の意志表明の文も教師に検閲されて書き直しさせられたと言っていた。彼は「なあ、たのむから当選してくれよ。おまえが会長になってくれると助かるよ」とぼくに言った。とにかく選挙にまでたどりつけば勝ちめはあると思った。しかし、どうしても、あと一人の推薦責任者が見つからない。締切り時間は迫っているし、もう気が気ではなかった。

ぼくが教室で生徒と話していたら、突然、美術の教師Oがぼくの頭をひじで絞めあげた。

「おまえはいったい何をやろうとしているんだ！」。ぼくは手をほどいて逃げたが、階段のところで担任のN、学年主任のH、数学のS、美術のO、理科のOらに捕まえられた。ぼくは階段の手すりにしがみつき、教師たちはそれをふりほどこうとする。まわりには人垣ができて大勢の生徒が遠まきに見ていたけれど、ぼくを助けようとしたのは親友のT君一人だけ。教師たちは「見せもんじゃないんだ。散れ、散れ！」とすごんでいる。

教師たちは「まあ、いいから来い」と言う。ぼくが「卑怯だぞ！」とどなると、教師たちは「おまえの夏休みの生活態度はよくないから、いまからすぐに指導する」と名目をつけてくる。そして、手すりから手足をふりほどき、五人でぼくのからだをつかみあげて洋裁準備室へかついでいった。ぼくは部屋に監禁されているあいだじゅう、逃げようともがきつづけた。教師たちは、「おまえみたいなやつが生徒会長になってたまるか！」とかどなりながら、ひじで頭を絞めあげたり、けとばしたり、机のうえにぼくの両手両足を押さえつけてはりつけたり、足をはらって倒したりした。ぼくは鼻血を出した。

そこにT教頭がはいってきて、暴行「指導」に加わった。T教頭はぼくの胸ぐらをつかんで揺さぶり、ぼくの頭を後ろのガラス窓にたたきつけた。ガラスが割れてぼくの鼻の下と眉間が切れた。それでもぼくは立候補するために逃げようともがきつづけた。血でぼくのカッターシャツはまっ赤になった。それでも教師たちは暴行をやめようとしない。もみあっているうちに、教師の服も血だらけになった。ぼくは窓から「助けてくれ！」と叫んだ。

しばらくして、「これで生徒会長立候補の受けつけを締切ります」という放送がはいった。ぼくはがっくりときて逃げるのをやめた。それで、教師たちは、「おまえは世話のやけるやつだな」とか、しんみりと説教をしてきた。ぼくはムカムカッときた。それから傷のかんたんな手当てと、着替えをさせられて、やっと放された。

ぼくは疲れてグッタリしていたが、それでも動きつづけずにはいられなかった。ぼくは病院へ行った。医者は傷を二針ぬってくれた。一週間のケガだった。ぼくはそれからすぐに愛知県教育委員会の高等学校教育課へ行った。ぼくはそこでSという職員に、きょうあったことや東郷高校の日常的な暴力についてくわしく話した。ぼくが「そういう暴力とは戦わなければ」と言ったら、S職員はこう言った。

「戦うということばはおかしい。生徒が先生に対して戦うなんて。学校とはそういうところじゃありませんよ。先生と生徒は目上と目下だということを忘れないでもらいたいですね。学校は生徒が先生に教えていただくところです。先生だって生徒のことを思ってやっているんです。きみの考えはまちがっている。きみはそんなにしてまで学校にいる必要があるのかなと思います」

ただことばづかいがちがっているだけで、日ごろ教師が口にしているのとまったくおなじ答えが返ってきた。そうしているうちに通報があったのか、東郷の教師たちと父親がはいってきた。彼らと教育委員会の人たちはニコニコと話しあっていた。そして、教師が猫なで声で話しかけてきた。教育委員会と教師、父親は、「内藤に事情を聞いていたら、急にあばれだしたので、先生たちはそれを取り押さえた。この場合、そうせざるをえなかった。あのケガは内藤が興奮して自分からガラスにぶつかってできたものだ」というふうに話をまとめた。

帰りぎわ、担任のNは心底かなしげなおももちをしてこう言った。

「もうあかん。オレはいままでおまえのことを一生懸命に考えてきてやったが、教育委員会にまで行ったんじゃ、もうだめだろう。オレはおまえが学校にいれるように校長さんに頼んでみるけど。ああ、おまえはなんてことしてくれたんだ」

彼は人情っぽくしゃべった。もし、ぼくがそれに乗れば、涙を流しかねないだろう。

その後、過労がたたったのか、ぼくは腎臓病になってしまって、しばらく学校を休んでいた。そこに担任のNから電話がかかってきた。「おまえが教育委員会へ行ったことで、校長さんはおまえを退学にすると言っているから、そのまえに転校したほうがいい、転校先も校長さんがさがしてくれる」。それで、疲れはてていたぼくは転校することにした。どういうわけか、私学にも定時制にもことわられ、通信制高校へ転校した。あとになって調べてみて、退学させるということがウソだったと気づいた。

信じられないような話かもしれない。しかし、この東郷方式の教育は、愛知県ではその後つくられた新設高校の手本となり、日本中から、そして外国からも参観者が押しよせている。こんな怪物に全国の高校生が踏みにじられてはたまらない。小さくても声をあげて、こういう事態をなくしていきたい。

（愛知・高校生）

＊　＊　＊

東郷高校の後日談

これがほぼすべての顚末《てんまつ》ですが、ここに書ききれなかったいくつかの後日談も存在します。

私が生徒会選挙に立候補しようとして阻まれ、時間切れまで監禁されていた時、実は友人が窓から証拠写真を撮ってくれていました。彼はそれをマスコミにばら撒《ま》くつもりで動いてくれたのですが、現像する前にばれてしまい、結局捕まって、没収されてしまいました。

私が中退させられた後も、その友達は「内藤に関わった」せいで、東郷で教員たちから目の敵にされてしまいました。進路指導を受ける際にはクラス全員が志望校を紙に書いて提出しなくてはいけなかったのですが、彼がその紙に記入していると、教師がその学校名を皆の前で読み上げ、「おいみんな、こいつ、○○大学なんか行こうとしてるみたいだぜ？　こんな頭で！」と嘲笑《あざわら》うような嫌がらせもあったようです。そんな執拗《しつよう》な嫌がらせが続いた結果、その友達も転校を余儀なくされてしまいました。

また騒動の後に自宅療養していた時分、ある人から長野県のとある高校のことを教えてもらったことがありました。

そこはたしか、各地の高校を追い出された中退者を引き受けていた学校で、その時点で東郷を退学することがほぼ決まっていた私に、行ってみてはどうかという勧めがあったのです。

その話が出た時、母親が、「ここに行っても、また先生に逆らうんじゃないだろうね？」と聞いてきたので、私は、「たとえ教師であろうと、間違ったことをしているなら、間違っていると言う」と答えました。

すると母は憎々しげな口調で、「じゃあ、この高校には行かせない」と言い、その高校に行く話は沙汰やみとなりました。

実は私が東郷高校で組織的暴力と軍隊のまねごとと闘っていた時も、父と母は、東郷の教員たちとは仲が良いというか手下になって動いており、連絡も緊密に取り合っていました。

彼らは息子が闘っているあいだじゅう、その暴力教師と一体化していたということになります。中学生頃から体格が父親を超えるようになった私に憎しみをぶつけ、ヨブのように思いどおりにならないことに対して思いどおりに復讐《ふくしゅう》をする上で、東郷高校は実に都合のいい存在でした。そして学校と一体化することで、「すなお」に言うことを聞かない私を教育しようとしていました。

母からは、「先生がこんなにやってくださっているのに！」と泣き喚《わめ》きながら叱責《しっせき》されたことがありましたし、父にいたっては、私が学校からの「髪の毛を切れ」という命令を拒否していると知り、寝ているところにバリカンを持って忍び込んできて、無理やり坊主頭にしようとしたことさえあったくらいです。

だから私の高校生活も、当時の手記だけ読むと、「内藤朝雄vs東郷高校」なのですが、実際はむしろ、「内藤朝雄vs東郷高校＋内藤両親」という図式でした。私が追い出されてからも、両親と教員たちとは仲が良かったようで、何人かとはずっと年賀状のやり取りをしていたようです。

辻元清美と小田実

東郷高校を「自主退学」させられた私は、通信制の高校に通う一方で、地元の代々木ゼミナールに通うことになりました。

しかし当時、予備校には大検コースというのはなかったので、代ゼミも高校を卒業した浪人生向けの授業しかしていませんでした。だから中退者の私に授業の内容など分かるはずもありませんでした。

そんな環境で知り合いになったうちのひとりに、かなり強いオーラを発している人がいました。私より一つ年上で、名を「辻元清美」といいます。

東郷高校であったことはこの辻元さんにも話したのですが、それを聞いた彼女は「小田実にそのことを話しに行かないか?」と言い出しました。私は当時、言論人の名前など何も知らなかったので、小田実氏がべ平連（ベトナムに平和を!市民連合）を創設した作家・平和活動家だというようなことも全く知りませんでした。

だから辻元さんにも、「おだまことって誰?」と聞いたのですが、そのせいで彼女からは、「内藤お前、小田実も知らないのか? 馬鹿だなー。不勉強だなー」などと散々言われてしまいました。

どうやら辻元さんは元々小田氏に憧《あこが》れており、私をダシにして彼と近づきになりたかったみたいなのですが、結局その後、彼女に引っ張られるように私も代ゼミ講師室の小田さんを訪問することになりました。いざ訪問してみると私の話を小田さんも興味深く聞いてくれ、この訪問後に東郷高校の一件を雑誌に書いてくれたりもしました。そんなこともあったせいで、「東郷高校の管理教育を告発した高校生」の話は、日本の言論人の間で、少しずつ知られるようになったのです。

河合塾と八〇年代風左翼カルチャー

その後、いつの間にか市民活動家のような人たちとも沢山知り合うようになりました。名古屋大学で開催された、管理教育を問題にするシンポジウムに私も招かれ、そこで大学生や新聞記者を相手に一席ぶったりするようなこともありました。

そうした行動に多少拍車をかけたのが、モグリで通っていた河合塾の講師たちでした。

時代はもう八〇年代に入っていましたし、当然学生運動全般が退潮してはいたのですが、当時、名古屋の河合塾で教えていた予備校講師には、その残り香のようなものを漂わせた人が数多くいました。

というのも、七〇年代に学生運動に熱中しすぎた結果、大学での就職の道を閉ざされたしまった元活動家のインテリたちが、予備校業界に多数流れてきていたからです。

そうした人々というのは、当時の私から見るとなんとなしに文化の香りを漂わせており、今から思えば並の大学の先生などよりもはるかにいろいろなことを知っていて、話も面白かったものです。

また、当時は予備校というビジネスが今よりも羽振りがよかったせいか、彼らは一般的にお金持ちで威勢もよく、またしょっちゅう奢《おご》ってくれたりもしました。そんなわけでここは、私としても結構居心地のいい環境だったのです。

そんな独特の雰囲気を持った名古屋の河合塾講師陣の中に、小林敏明さんと牧野剛さんがいました。

彼らはよくプライベートで塾生らを集めては様々な催しをしていました。

小林敏明さんは、マルクスや哲学者の廣松渉の読書会を開いていたのですが、私もそうした集まりに「モグリの内藤君」と呼ばれながらも参加するようになり、いつの間にかすっかり常連になりました。

小林敏明さんは廣松渉が名古屋大学にいたときの弟子で、私も彼の読書会に出入りしたりしているうち、彼から廣松系の哲学を伝授されました。

当時小林さんに教わっていた河合塾の塾生の中には、大学進学後に研究者になった例がチラホラあります。十七歳で高校を退学させられた私ですが、思わぬことにその後モグリで入り込んだ河合塾で、マルクスとか、廣松渉などの学問をインプットする機会を持つことになったわけです。

今振り返ると、立ち寄った人がいろいろ議論しあって学ぶあの感じはなかなかよいものです。あの松下村塾も、そんな感じだったのかもしれません。

小林さんは、その後ドイツのハイデルベルク大学で哲学の博士号を取り、ライプツィヒ大学で東アジア研究所教授となって哲学を教えているそうです。

小林さん同様河合塾の講師だった、牧野剛さんにもずいぶんお世話になりました。私が大学に入れたのも、実は牧野さんのおかげです。

牧野さんは小論文指導をマンツーマンでしてくれました。思えば牧野さんは、当時の受験業界では全国的に名を知られていた大物小論文講師だったのですが、その人がモグリの私のために毎日無料で文章を添削してくれたわけです。

それでも左翼にはなれない

そのようなわけで、かつての運動家たちとの交遊関係は、私にとっても楽しいものでした。しかしそれでも私の場合、辻元清美さんが小田実さんと知り合ったことをきっかけに左派言論界で存在感を高めていったようには、左翼の思想にも、活動にものめりこむことはできませんでした。

実のところ私は当時、辻元さんと同じレールに乗って、それから先の身を処していくということもできなくはないという立場にいました。

なんといってもあの頃の私は、管理教育に真っ向から戦いを挑んだということで、一部ではヒーロー扱いされていたからです。

ですが、それはなんとなく嫌だという気がしました。当時、二十歳くらいの頃から、デモに代表される左翼の運動というのが、私にはどうしても馬鹿馬鹿しいものにしか思えず、参加する気にもならなかったからです。

だからそういう意味では、私はその時点ですでに、「左」は卒業していました。しかし左翼的なものの考え方というか、考え方のパターンのようなものは、その後もしばらく、私の中に「青春の尻尾《しっぽ》」のような形で残ることになります。

結局私がその尻尾を完全に切り落とすには、それから一〇年後に体験することになる、ある出来事まで待たなければいけませんでした。

山形マット死事件です。

第五章　山形マット死事件

「山形マット死事件」とは？

〔事件の概要〕

〔一九九三年一月十三日〜〕

一九九三年一月十三日、山形県新庄市にある、市立明倫中学校の体育館内用具置き場で、同校の一年生の男子生徒、児玉有平君（当時十三歳）が、ロール状に巻かれて立っていた体操用マットの中に、頭から逆さに突っ込まれた形で死んでいるのが発見された。

死因はマットの圧力による窒息死。暗くなっても息子が帰宅しなかったことから有平君の両親が不安に思い、同日夜七時三十分頃、中学校に電話をしたところ、当直の教師が遺体を発見した。

有平君の顔には、誰かに殴られたような皮下出血の痕《あと》が残っていた。また、手足にも打撲の痕があった。

すぐに警察により遺族への聴取が行われた結果、有平君が中学校で日常的にいじめに遭っていたという証言が得られた。これにより有平君の死因もいじめによるものとの見方が強まったが、学校側はこの時、「有平君に対するいじめは聞いていない。本校にいじめはなかったと信じている」とし、いじめが行われていたという事実そのものを全面的に否定する。

〔一九九三年一月十七日〜〕

しかし事件から四日後、警察が被疑者として任意同行を求めていた当時明倫中学校二年生の少年A（十四歳）が、取り調べで「自分がマットに押し込めと命じた」と自供。さらにAは共犯者として自分以外の六名の生徒の名前を挙げ、これにより十八日、当時の少年法における刑事責任年齢である十四歳の少年三人が傷害と監禁致死の疑いで逮捕されたほか、刑事責任年齢未達の十三歳の少年四人が同じ容疑で補導された。当初いじめの事実を真っ向から否定していた学校は、この逮捕・補導の後一転して事実を肯定。

捜査段階では七人の少年はいずれも事件への関与を認め、そのまま家庭裁判所に送致されるが、家裁送致後に一転して容疑を否認し事件当時のアリバイを主張。加害少年の弁護団は、「有平君は一人で遊んでいて、自分からマットに突っ込んで死んだ」との事故説を主張し始める。

〔一九九三年八月二十三日〕

山形家庭裁判所がA、B、Cの三人の少年に対し下した審判は、「いじめによって死なせた」との三人の捜査段階での自白内容に信用性がないなどの判断から、刑事裁判の無罪に相当する「非行事実なし」。これによって、この三人の不処分が確定する。

〔一九九三年九月十四日〕

同家裁は、D、E、Fの三人に関しては、いずれも非行事実を認定。三人に対し、有罪に相当する保護処分を下す。

〔一九九三年九月十六日〕

D、E、Fが、この処分を不服として仙台高等裁判所に抗告。

〔一九九三年十一月二十九日〕
高裁はこれを棄却。併せて家裁で不処分確定となったA～Cの三人についてもアリバイに疑いありとして、家裁に送られず児童相談所の行政処分となった、事件当時十二歳の少年Gも含め、七人の少年全員が事件に関わっていたとの見解を示す。

〔一九九五年十二月二十六日～〕
少年審判では事件の真相が明らかにされなかったことから、有平君の遺族は警察が逮捕・補導した七人の少年と新庄市を相手取り、総額約一億九〇〇〇万円の損害賠償を求める民事訴訟を起こす。被告となった少年七人は、全員がアリバイを主張して関与を否定。学校側も、「いじめの事実を把握できなかった」として自らの責任を否定する。

〔二〇〇二年三月十九日～〕
七年にわたる審理の末、山形地方裁判所の手島徹裁判長は原告の訴えを棄却。捜査段階でなされた七人の自白については、保護者の立会いが排除された状態で長時間行われた結果のもので、「正当性なし」との判断。
有平君の父、昭平さんは、記者会見の席上、ただちに控訴の意向を示す。

〔二〇〇四年五月二十八日〕
仙台高裁の小野貞夫裁判長は、請求を棄却した一審判決を取り消し、「自白は信用できる」として七人の少年全員の事件関与を認定。原告・昭平さんの訴えを認め、約五七〇〇万円の支払いを命じる逆転判決を下す。被告側は不服として全員が最高裁判所に上告。なお、もう一方の被告新庄市については、「事件は予測しえない異常な事態だった」として、一審同様に管理責任を否定。

〔二〇〇五年九月六日〕
事件発生から一二年目の秋、最高裁上田豊三裁判長は被告の訴えを棄却。これにより、「山形マット死事件」裁判の結審となる。

「兄ちゃん殺されてうれしいか？」の衝撃

この「山形マット死事件」は発生当初よりマスメディアで大々的に報道され、新聞、雑誌、テレビのワイドショーなどは皆連日、この話題で埋め尽くされました。それほどのセンセーションを巻き起こした理由のひとつは、もちろん「中学校での殺人」という事実が当時人々に大変な衝撃をもたらしたからですが、実は私自身はそのこと自体については、「さほど驚くほどのことではない」と思っていました。

「中学生の殺人」一般について考える限りは、この一億二〇〇〇万人が暮らす社会の中では十分にありうることです。ある子どもが同じ村に住む子どもに川へ突き落とされて死んでしまうような例は、報道こそされなくても、過去にも延々と繰り返されてきたことでしょう（もちろん、それがすなわち「大した事件ではない」という意味では全くありません。念のため）。

だから、有平君の事件にしても痛ましく思いこそすれ、最初は特別な事件としては見ていませんでした。ところが、マスコミの取材の対象が事件そのものから次第に事件の周縁に移っていくにつれて、私にとっても気になる情報に触れることが、日を追うごとに増えていきました。

事件後の新庄市では、加害者とされる少年たちではなく、逆に被害者である児玉さん一家が嫌がらせを受けているらしい、という報道が数多くなされていました。

なかでも私が最大級の衝撃を受けたのは、有平君の妹が、自宅の玄関前で容疑者の身内の子どもたちに取り囲まれて、「兄ちゃん殺されてうれしいか？」と言われたという報道です。

当時私は小学校や中学校でのいじめについて調べることも増えていたのですが、その中で、いじめが蔓延《まんえん》している教室で、担任が「○○君が自殺（未遂）をしました」と沈痛な面もちで言うと、教室中が、「ワー！　カッコイイ！」と大はしゃぎするような残酷な事例についても、ずいぶん見聞きしていました。いじめが起きる場所には、なんだか不可思議な、我々の日常的な感覚からは隔たった生徒たち特有の秩序のようなものがあるようだ——。私はこれまで自分自身で経験した両親との関係や、東郷高校での体験からもそのことを感じ取っていたのですが、時間が経つにつれて、そのことをひとつの一貫した理論で説明できるような予感がしていました。ただし、それも不確かなものに過ぎず、決定的なところにはまだ辿《たど》り着けずにいました。

「兄ちゃん殺されてうれしいか？」の一言に、私はこれらと同型で、かつ強烈に濃密な要素を感じ取ったのです。

雑誌に投稿

記事に触発された私は、初期報道で報じられたことだけを材料に、その当時自分が考えていたことを文章にまとめました。

何しろ論考の材料は初期報道だけだったので、事実として間違っていることもあるかもしれませんし、当時の私自身の限界で、俗流「日本人論」に引きずられているところもあります（今ならば、このような言い方はしないでしょう）。しかし、とにかくこれを沢山の人に読んでもらわなくてはいけないとの思いから、私はこの文章を、当時発行されていた新聞、雑誌に片っ端から投稿しました。

結果としてたくさんの地方紙、そして雑誌では『AERA』や『SAPIO!』、『インパクション』などに、以下の文章が掲載されました。

これは、私がいじめを研究テーマにする前の文章です。また、本格的に現地に足を運ぶようになってからは、誰が有平君を殺したかについては、一切問題にせず、被害者の悪口から地元の秩序感覚を探る研究に調査目的を限定することにしました。

山形の中学生マット詰めリンチ殺人は、日本社会の〈みんな〉ファシズムを典型的にあらわしている

内藤朝雄

山形の中学校で一人の生徒（児玉有平君十三歳）がよってたかってリンチにあい、マットに逆さに詰め込まれて死亡した事件の印象は強烈だ。なんともいいがたい苦々しさがいつまでも

心の底に残る。

聞けば、殺された少年は日常的にリンチを受けていたそうだが、〈みんな〉と同じ山形弁を使わないとか、〈みんな〉と趣味が違うとか、〈みんな〉のその場その場の雰囲気とは独立した善悪の基準を心にもっている、といったことが集団リンチの原因らしい。〈みんな〉から芸（「金太郎」の歌とものまね）を強要されながらも、それを確固とした意志で拒んだことが、殺害された直接のきっかけだったそうだ。正しいことはどこまでもつらぬけとおしえて育てたせいでしょうか…、と少年の父は嘆く。彼の家は裕福で睦まじく、何かモダンな感じのする家族だったので、前近代的な対人関係を生きる地域住民の目には「あがすけ＝山形弁でなまいき」と映り、反感を買っていたと聞く。殺した少年たちはアリバイ工作をしていたので、急いで逮捕・補導されたという。なにくわぬ顔で葬式に来る者もいたそうだ。リンチに加わったのはごく普通の子供たちで、死亡したことを除けば、日本中の学校でよくあることらしい。

この事件は、日本に独特の生きにくさを典型的に示しているのかもしれない。わたしたちは職場・近隣・学校といったありとあらゆる生活場面で、その場その場の〈みんな〉の雰囲気に合った〈こころ〉でなければならず、そうでない者は何かにつけ有形無形の不利益や迫害をこうむる。〈和〉の秩序——①〈みんな〉の〈こころ〉がひとつになること、②それを事細かに

〈かたち〉であらわすこと、③その〈かたち〉のあらわれにおいて各自の分《ぶん》が定まること。④そのような場から独立した〈こころ〉は存在してはならないこと——とでもいうべきものが、わたしたちの生活のすみずみまで支配している。

この、〈和〉の秩序をよりどころにする習性がついた者は、〈和〉とは独立した自己を生きる個人を身近にすると、根底的な足場をバラバラにされるような不気味さ・不安・恐れを感じ、そこから強烈な憎悪・敵意・破壊性が生じる。これが〈和〉の〈かたち〉を事細かに押しつける圧迫・脅し・強制を「せずにはおれぬ」心理を生む。

そういう「日本人らしい」習性をうえつけているのが学校教育だ。校則・制服・先輩後輩など、日本の学校がなぜこうも執拗に〈ひとつのかたち（Uni-form）〉を子供たちに強要するのか、よく考えてみると理解し難い。だがこの奇妙な「押しつけがましさ」は、〈和〉の神聖さをおしえ込む「宗教」教育と考えれば完全に理解できる。また、ちょっとしたことで教師が逆上して恣意的な体罰を加えるのも、〈和〉の秩序に基づく上位者のナルシシズムが汚され、「自己」が脅かされたように感じるからだ。やっている本人たちにも意識できないのかもしれないが「実質」的には、日本の学校の教育目標は〈和〉の秩序を骨の髄までたたき込むこととしか言いようがない。

今回の事件にしても、学校が〈和〉の秩序という教育目標にかなっていたからこそ、子供たちは教えられた通りに「群れ」の〈こころ〉で「個」の〈こころ〉を憎み、有平君を迫害したとしか思えない。また、〈和〉の秩序は「道徳」を集団の気分の〈かたち〉として事細かに強制するが、個人の内面に首尾一貫した道徳が育つのを許さない。少年たちがアリバイ工作に走り、なにくわぬ顔で葬式に来るのも当然だ。

　有平君がうけた芸の強要も〈和〉の秩序という観点から理解できる。〈和〉を乱す個性的な者はそのままの〈かたち〉ではゆるしがたい。そういう者には、「おどけ者」「いたぶられ者」「（つかいっ）ぱしり」といった低くみられる分際《ぶんざい》が押しつけられる。そして彼が〈みんな〉の顔色をうかがいながら分相応《ぶんそうおう》に個性を演技し直し、その変形された「個性」が分を以《もっ》て〈和〉に寄与する限りで、〈みんな〉は彼を受け入れる。芸の強要は、〈和〉を乱さないように〈みんな〉に調和して分相応に生きる誠意をみせろ、という〈みんな〉の側の要求だったのだ。

　しかし、彼の個人的な魂の高貴さはそれをよしとしなかった。そしてまつろわぬ独立した魂の高貴さこそは、〈和〉の秩序にとって絶対にゆるしがたいものだった。「ひとさまあっての自分」なのに、自分だけで背筋を伸ばして生きるなんて、そんな「あがすけ（なまいき）」だけは絶対にゆるせない！　芸の強要が〈みんな〉の側から卑屈であるようにと要求する「無意識の共謀」であることを、彼は敏感に察知したのだろう。だからこそ自己の魂の高貴さにおいて、彼は最後までたたかったのだろう。彼は芸を拒み、〈みんな〉からよってたかって暴行を受け、殺された。

殺された有平君は、人間関係で卑屈にならざるをえないわたしたちの日常生活の生きにくさ、〈みんな〉ファシズムとでもいうべき状況の生きにくさをその身で示してくれたように思われてならない。それは「豊かで自由」なはずの日本社会の根底にずっと横たわっていて、わたしたちは見て見ぬふりをしてかろうじて生きてこれた。それを有平君の死があからさまにした。だからなんともいえぬ苦々しさを心の底で感じるのだ。だがその苦々しさに直面するとき、彼は日々くじけどおしのわたしたちに勇気を与えてくれる。美しく生きるために「日本人らしさ」を再検討する勇気、卑屈になるよりは背筋を伸ばして「日本人らしく」生きるのをやめる勇気を。

この投書を見たある雑誌社が調査取材のための旅費を出してくれました。

そしてその年の五月と六月、さらに翌一九九四年八月の二度にわたり、私は山形県新庄市に行くことになったのです。さらにその後トヨタ財団からの研究助成などもあって、何度も新庄市に足を運びました。

児玉昭平氏と会う

新庄市では、被害者・有平君の父親・昭平さんをはじめとした、有平君の遺族と話すことができました。

山形に行く前の投書に書き記しているように、児玉家については初期報道を通じて、すでに間接的に知っている部分がいくつかありました。

たとえば児玉有平君の一家が山形県新庄市に引っ越してきたのは、事件の一七年前であること。

昭平氏が幼稚園の経営者で、地元では裕福な部類の家庭であるとか、一家はデザインの美しいモダンな造りの家に住んでおり、近所でも目立っていること。

日常生活で山形弁を使わず、標準語で話すことが近所で反感を買っていたこと。

有平君は授業中によく手を挙げて発言するなど、学校でも目立った存在だったこと——などです。

実際に行ってみると、児玉家は確かにモダンな造りの家で、自宅に隣接する幼稚園もデザインが綺麗《きれい》でした。昭平さんとは、取材を通じて何度も会うことになったのですが、直接会ってみての私の印象は、「理想主義的なことを真顔で話す、いまどき珍しいタイプ」というものなでした。

「有平が死んだとは思えない。どうしても実感できない」と語る昭平さんの言葉は、私の胸にも重く響きました。

私が児玉家で一番確認したかったことは、新聞に出た「兄ちゃん殺されてうれしいか?」の出来事が本当にあったのかどうか――。しかし、それはすぐに児玉さんの詳しい証言によって確認できました。しかも、地元で悪口を言っている人のほとんどが、実は面識もないような人たちであることが、昭平さんの証言から分かりました。

昭平さんによれば、逮捕・補導された少年の親、親族がそうしたネガティブキャンペーンを流しているのではないかということでした。当時児玉家には、無言電話や嫌がらせの電話がかなり来ていました。

昭平さんは警察に電話の逆探知を頼んだのですが、それに対する警察の答えは、「人権問題に触れてしまうから、逆探知はできない」だったそうです。

逆探知すれば一発で確証を得られ、それによって事件の真相に辿《たど》り着く手がかりも得られるはずですが、その程度のことすらできないでいる警察の無策ぶりには、聞いている私としても信じられない思いがしました。「ひょっとして山形県警には、逆探知をする能力がないのだろうか?」という疑念すら浮かんでしまったほどです。

警察がこんなにバカだとは

取材を通じて、警察の無能ぶりに驚かされたのは、その一回どころではありませんでした。この事件の真相が殺人なのか、傷害致死なのかといった問題は別にして、日常語で言えば、学校の中で誰かが有平君をマットに逆さに突っ込んで殺した事件として捜査するべき事件です。だからこのような状況であれば、学校を閉鎖してでも徹底的に捜査・証拠集めをするのが当然のことなのですが、しかし実際には事件後も、明倫中学ではダラダラと授業が続けられていました。

そのような状態で、まともな証拠集めなどできるはずもありません。事件前と変わらぬ、生徒たちや教員たちの人間関係のしがらみが続くのです。このしがらみを放置することが、どれほど真相究明の障害になるかは、考えてみれば明らかです。山形県警は容疑者が中学生だからとナメてかかっていたからか、あるいは親や教師に気を遣いすぎていたからなのか、いずれにしても彼らが当時の少年法の下で行った事件認定は、杜撰《ずさん》としか言いようのないものでした。

容疑者の少年たちに付いた弁護団は、当然ながらその杜撰な部分を突いてきました。

少年たちは、弁護団が付いたところで最初の自供内容を一変させ、事件当時のアリバイを主張するようになったのですが、主犯格とされた少年が立てたアリバイは、「僕は有平君が死んだ時刻、神社でガールフレンドとデートをしていた」というものです。

ところがこの裏づけとなった、「自転車に乗ったとき、彼が神社から帰ってくるのを見ました」という証言は、実は逮捕された別の少年の母親がしたものでした。つまり、裏でしめし合わせている可能性も当然疑われる利害関係のある証言者であり、そうである以上、証言の信憑《しんぴょう》性《せい》についても疑われてしかるべき立場だったわけです。

にもかかわらず初動捜査をまともにやっていないせいで、山形県警はこれにまともな反論ができませんでした。「ではお前は、デートした後にもう一度体育館に戻って犯行に及んだんだ」などという、誰がどう聞いても苦しい言い訳を新聞発表してしまうという有様だったのです。私はこの時、警察の頭の悪さにショックを受けると同時に、どうしようもない怒りで一杯になりました。殺された有平君と児玉氏のことを思うと、「もっとまじめにやれよ！」と吐き捨てるように叫ぶほかありませんでした。

その後判決が二転三転（最終的に最高裁は逮捕・補導された少年たちの加害責任を認定）したのも、結局のところ警察の初動捜査があまりにいいかげんだったせいだと思っています。山形県警が少年法の枠組みの中で少年をなめてかかり、仕事ぶりがゆるみきっていたおかげで、大人の事件同様の厳密さで捜査をしていなかったことが、あれほどに後々まで響いたとしかいいようがありません。

「人権派」弁護士への幻滅

一方で弁護団の主張にしても、「事故説」を主張したあたりは、警察の稚拙きわまる推論といい勝負でした。

事故説というのはつまり、「有平君が勝手にマットの中に突っ込んで死んだ」ということですが、いくらなんでもそればかりはありえません。しかし、この白々しいにもほどがある主張を、日弁連「人権派」を主力メンバーとする弁護士たちは、悪びれもせず押し立てたのでした。

また、「人権派」を称する人たちが、児玉氏を嘲笑《あざわら》う姿を、目にしたこともあります。

この時期までの私は、まだ予備校時代（あるいはそれ以前）からの青春の尻尾《しっぽ》を引きずったままだったので、平均的な左の思考法に寄りかかってものを考える部分も、多分に残っていました。だからいじめに関しても左派の言論人がよく言うように、「話し合いで解決するのがベスト」だと思っていましたし、東郷高校での地獄を経験した後ですら、「いじめのような問題ですぐに警察権力を介入させるのは、あまり好ましくないのではないか」という思い込みもありました。

そうした、ありがちな左翼文化人のタマゴのようなものだった私にとって、日弁連「人権派」弁護士というのは英雄に近い存在であり、少なからず理想化してしまってさえいました。それだけに彼らが、どう見ても破綻《はたん》している事故説をなりふり構わずに主張したことは、私にとって驚きでしたし、同時にひどい幻滅でした。

山形マット死事件への彼らの関わり方を観察したことで、私は日弁連「人権派」への英雄視を一切やめました。面識すらない児玉家を、地元民と一体化して嘲笑《ちょうしょう》するのを見るに至っては、擁護できる余地は皆無だったからです。

往年の日本の共産主義者たちが、旧ソ連の強制収容施設の存在に衝撃を受け転向したように、私にとってのこの幻滅は、青春の尻尾《しっぽ》を完全に跡形なく叩《たた》き切る出来事でした。

その後、ある学会で、なにがなんでも「厳罰化」に反対する「人権派」の著名人物のひとりが、私に近寄ってこんなことを言ってきたことがありました。「ねえ、内藤さん。児玉さんは事件のあった日、学校の体育館で先生を殴ったんですって。いくら被害者の親だからって、そんなこと許されると思う？」。

取材不能？

さて、当初予定していた児玉さん以外の関係者への取材も、弁護士からシャットアウトされてしまいました。私が彼のクライアントを殺人者だと決めてかかった上で取材を希望していると、彼に誤解されてしまったからです。

しかし私が知りたかったのは、あくまで「どんな秩序感覚の中で有平君は死んでしまったのか」という問題なのであって、いわば「兄ちゃん殺されてうれしいか？」という発言が、どういう秩序の中で生まれるのかを調べたかっただけです。だから彼ら関係者から聞く内容も、事件そのものと直接関係のないものに限られるはずでした。

だいたい私は、最初から事件の真相究明にもノータッチでいようと決めていました。有平君を殺したのが誰かという犯人探しをしたいわけでは全くなかったし、弁護士がガードしている少年たちから事件関与の証拠を聞き出そうなどという気も、さらさらなかったのです。

そのことを弁護士にも説明したのですが、結局こちらの言いたいことは全く理解してもらえませんでした。結局私は、弁護士からはたいそうな危険人物だと思われてしまったようで、これによって私がしたかった中学生への聞き取り調査は、完全に暗礁《あんしょう》に乗り上げてしまったのです。

聞き取り調査開始

せっかく山形まで来たというのに、本来の目的が果たせそうもない事態に陥り、私は頭を抱えました。すっかり途方に暮れてどうしたものかと思い煩《わずら》っていたのですが、そのうちふと、「事件とは直接関係のない、近所の人に話を聞いてみるのもいいんじゃないか」という考えが頭に浮かびました。

実際それ以外にできることもなさそうなので、やってみることにしました。明倫中学校の学区内を中心に、居を構えている民家を無作為に訪ねて回っては、有平君の事件について聞き取りをしてみたのです。

最初の計画が狂ったがための次善の策でしたが、これは結果として、想像よりもはるかに地元の人々の本音を拾い上げることができました。そして私が何よりも聞きたかった、いじめが蔓延《まんえん》する場の秩序についても、彼らが語る内容は、驚くほど濃密に示唆していました。

主婦の言い分

聞き取りを行ったひとりは児玉さんの近所に住む主婦でしたが、「実は自分は児玉さんと面識がない」ことを明かしました。

しかしそれにもかかわらず彼女は、彼女の言うところの「うちら（＝彼女自身を含む、地元の主婦たち）の間柄」を通じて、児玉さんという人間をリアルに知っているかのように話すのでした。

「必ずしも、やった子どもたちが悪いとは言い切れないんじゃないの？」とは、その主婦の言い分です。

「親も金持ちぶって成金上がりだそうだよ。金貸しをしていて、人からよく思われてないよ。自分たちだけ（家族旅行で）ハワイに行って、お土産も買ってこないもの。幼稚園を改修した後だって、園児の子どもたちの姿だけでなくて、直したところのビデオばっかり親に見せるんだよ。『俺はこんなふうに大きくしてるんだ』って感じが、前面に出てるよ。言葉にしても、東京出身でもないくせに標準語を話すなんて、『いいふり』としか思えない」

無論実際には、児玉さんは金貸しでもなんでもありません。彼女が問題にするビデオにしても、建物の改修について説明するために開かれた説明会用のビデオのことでした（そういう映像にわざわざ園児を映す必要も意味も、客観的に見てあまりありません）。

ところが、彼女たち主婦グループ（彼女の言葉で言う「かあちゃんたち」）は、あらゆる材料を彼女たちにとって都合のいい、児玉家の人たちを悪く感じる体験になるよう、あらかじめ身構えていました。そして実際に、そのようなものとして体験してしまうのです。

実はこうしたことは、有平君と子どもたちの間にもあったことでした。

これは私が児玉氏や近所の少年から聞いたことですが、有平君たち一家がタクシーで外出したとき、その現場を隣近所の子どもたちから観察されていました。後日、有平君と有平君の兄は、ほかの子どもたちから「どこに行ったのか？」と問い詰められ、結局、フランス料理を食べに行ったことを答えさせられてしまったのです。

「フランス料理を食べに行ったんだ」という答えは、妬《ねた》みに燃える子どもたちの中で、「お前らには食えないだろ」という意味に自動的に変換されてしまい、そして本当にそういう意味のものとして、リアルに体験されていました。そしてそれが事件のあと、「児玉のところのガキどもが言ったこと」になり、町全体の現実として流布されていました。

主婦はそのあとも、ところどころでおかしそうに笑いを交えながら話を続けました。

「あそこのウチはさ、家族全体でかわいげがないのよ。人間は金持ちでも、気がしっかりしてても（＝気が強くても）、どこかにかわいげがあればいいの。

でも、『俺たちは特別なんだ』って心のどこかで思い込んでいる親子は、人から見たときに、かわいげがない。親の姿勢とか、児玉（有平）君のかわいげのないところが引き金になったんじゃないかって、ここらでは言ってるよ。

いじめられる子どもには、どこかにいじめられる原因があんの。子どもらしくねえ子どもって、『かわいらしくない』っていうでしょ。親も加わっているとなると、今度……ウフフフフ」

「こっち（新庄市）の人は人情的なところがあって、来るものは拒まず、交わっていこうという気持ちがある。けど、親の気持ちの出し方があれではね。子どもが殺されたことに関しては気の毒だと思うけど、親の態度……フフフフフフ」

繰り返しになりますが、彼女は「児玉さんとは面識がない」間柄です。

「『朱に交われば』って言いますでしょ？　こんなふうになったのはね、親の気持ちが溶け込まなかったから。親も多少なりとも、朱に交わるって気持ち、地方に交わるってそういう気持ちがあれば、殺すまでのいたずらはしなかったのでないの⁉」

「いじめたくなるような子どももいてさ、いじめるうちにここでやめておくかなあ、っていう気持ちが出てくるかもしれない。でも、なおかつ（こちらが）やりたくなるような気持ち出されると……、『同じ』気持ち出されないと（ダメ）」

「『交わらない』で、特別な気持ちでいられると、しっかりしてわが道を行くっていう気持ちでいられると、いじめても、いじめに乗ってこないでなお毅然《きぜん》としていられると、子ども心にも、『もっとやってやっか』って気持ちになる（笑）。そんなわけで、死んじゃうまでとことんやってしまったんでしょう。殺そうと思って殺したわけじゃない」

彼女は子どもを殺した子どもの心理を、私にそう説明してくれました。

もちろん、これが、彼女の勝手な想像なのか、本当にそうだったのかは、私には分かりません。でも、彼女が地域コミュニティの主婦グループの中で、このような秩序感覚を生々しく生きていることだけは、はっきりと分かりました。

「山形マット死事件」の本質

新庄市での聞き取り調査を通じて分かったことを、ここで整理します。

一つは、事件の真相についてはこの時点で不明なことが多かったものの、私が聞き取りを行った住民に関しては、事件を「殺し」として捉《とら》えており、その認識の上に立って話をしてくれたということです。その上で、被害者を嘲笑《あざわら》う会話がなされていたのです。

二つ目はより重要なことですが、これだけ地域全体で児玉さんのことが話題にされていたにもかかわらず、実際に児玉さんとつきあいのある住民はとても少なかったということ。つまり、児玉さんが本当はどういう人なのかすら知らない状態で、皆が児玉さんの悪口を言っていたということです。

そして三つ目は、新庄市の住民たちの間では、「彼らなりの」秩序イメージができあがっており、それに対しかなり強い同調圧力がかかっていた、ということです。マスメディアの取材に対して、児玉家に共感するようなことを話した主婦は、さっそく別の主婦から、「お宅は、児玉さんの家をいいふうに言わなければいけないから、大変ね」と言われたそうです。

有平君が学校で受けたであろういじめも、児玉家の人々が地域社会で受けたいじめも、構造としては全く同じものです。

新庄市の人々が、平均的な日本人より際立って非常識であるなどということは、基本的にありえません。だったら解き明かすべきは、彼らが共有する秩序感覚がこれほどまで陰惨なものになってしまった要因であり、メカニズムの方です。

「兄ちゃん殺されてうれしいか?」の一言の向こうに、ぼんやりと透けて見えたものが、新庄市での取材を終えた私には、はっきりと見えていました。

被害者がどういう人であり、どういう特徴を持っていようと、そんなことはいじめを蔓延《まんえん》させる秩序とは、なんら関係ないのです。

問題は被害者にあるのではなく、あくまで加害者の側にあります。より正確には、小さな集団の中で起こる「自分たちなりの」秩序感覚の中にあります。それを解き明かさない限り、いじめの問題を解決することは絶対にできません。
私は、新庄市での取材を通じて、ついにそう確信することができたのです。
ここから私のいじめ研究が始まりました。

第六章 〈欠如〉を生み出す有害環境としての学校
――いじめ発生のメカニズム　その1

「不思議な気持ちです」

十九歳のA子は、小学校六年生の時、同級生のB子とC雄をクラス全員でいじめ、B子を自殺未遂にまで追い込んだことがあったそうです。

――私たちには、ほんの少しも罪の意識はありませんでした。それどころか、いじめる楽しみで学校に通っていたような面さえありました。

冷たいようですが、彼らのことを〝かわいそう〟と思ったことは、一度もありませんでした。もちろん、今では当時のことを深く反省しています。クラスの他のみんなも、私と同じ気持ちでしょう。〝なんであんなことやったんだろう〟と、不思議な気持ちです。

先日本屋さんで、たまたまB子と会いました。私たちは大人になっているので、常識的に笑顔で世間話をしました。だけど、彼女の心の中は、いじめられた思い出でいっぱいだったんじゃないでしょうか。私にしてもバツが悪くて、裸足で逃げ出したくなりましたから――。

（土屋守監修・週刊少年ジャンプ編集部編『ジャンプいじめリポート』集英社）

今日もどこかの学校で、誰かが誰かをいじめ、そのうちのいくつかはきっと自殺にも追い込んでいるだろう私たちの社会は、A子やB子のような人たちを日々生み出し続けている社会でもあります。

A子のように、学校を卒業して何年か経ってふと振り返ると、当時自分がしたことのあまりの残酷さに、愕然《がくぜん》とする人も少なくありません。

つまり、自分があそこまで酷《ひど》いことができたこと自体、なんだか信じられない。それほど昔のことではなく、たった数年前の自分でしかないのに、なんで私はあの頃、あれほど残酷なことをしてしまったんだろう……？　と、不思議に感じるのです。

まるで自分の中に、自分ではない別の人格が宿り、内側から操られてしまったかのような気分……。

いじめがはびこる場所には、時に自分が別の自分になってしまうような、危険で不可解な罠《わな》が潜んでいます。仮に今あなたが自分の良心に自信を持っているとしても、その場所にいったん囲い込まれてしまったら、必ずしも巧くやりとおせる保証はありません。

本書の先の三章で私は、「私の両親と私」「東郷高校の教師と生徒」「山形県新庄市の住民たちと児玉家」という、人が人を迫害することの三つの例について示しました。この第六章からは、この三つの例に加えてほかのいくつかの典型的な例を観察しながら、いじめ、すなわち人が人を迫害することのメカニズムを、解明していきます。

個別の理由ではない

いまここで、被害者が自殺に追い込まれるくらいの、できるだけ陰湿で、残酷ないじめについて思い浮かべてみてください。

ところが、そういう酷いいじめの加害者に向かって、「なぜそんな酷いことをしたのか?」と尋ねても、「単に面白いからやった」とか、「ムカつくからやった」というような身も蓋《ふた》もない答えが返ってくるのは、学校のいじめではごく普通のことです。

そんな答えを聞かされると、我々は、頭を抱えたくなるような気分にさせられます。とはいえ加害者としても大人からの質問をはぐらかそうとして答えたわけでもなければ、真相を隠しているわけでもありません。彼らにしてみれば真面目に答えているのであり、私に言わせれば、その答えは正直ですらあります。

実際、いじめがはびこる場所では、「ムカつく」「ウザい」などの言葉が日常的に飛び交っています。

ならば彼らの言う「ムカつく」とか「ウザい」が何なのか、また、いじめが「面白い」と彼ら（我々）に思わせているものが何なのか、もっと真面目に考えてみる必要があります。加害少年たちの言葉を、いったん留保なしに、素直に聞いてみる必要があるのです。

その部分を考えることなく講じられたいじめ対策（たとえば、二〇年も前から全国の学校で飽くことなく繰り返されている「命の尊厳について教える教育」など）は、たとえ一〇〇年間繰り返したとしても、敗北以外、何も得られずに終わるだけでしょう。

不安定な諸要素

私たちが毎日を生きるこの社会には、私たちを嫌な気分にさせる、不愉快なことが沢山あります。

お金がなかったり、病気になったり、火事や交通事故に見舞われたり、友人に裏切られたり、本来望んでいなかった仕事に就かざるを得なかったり、異性に相手にされなかったり、狭くて暗い場所に長いことじっとしていなくてはいけなかったり……（以下無限に続く）。

程度の差こそあるが、人が生きていくということは、こうした嫌なことのうちのどれか（あるいはいくつか）と何とかして付き合っていくということであり、「嫌なこと」のすべてを、一〇〇％シャットアウトできる人生など存在しません。

当然、いじめが蔓延《まんえん》する教室でも、こういうネガティブな現実が、生徒たちを取り囲んでいます。ある生徒はお腹がすいているかもしれないし、ある生徒は昨日、憧《あこが》れの先輩に告白したものの、あっさり振られて傷ついているかもしれません。昔の私のように、親に虐待されるなど学校外で酷《ひど》い目に遭っており、鬱屈《うっくつ》した気持ちを抱えこんでいる生徒も、沢山いることでしょう。

しかし、生徒たち（大人も同様）は「お腹がすいた」から同級生をいじめるわけでもなければ、「振られた」からいじめるわけでもありません。もちろんこれら個別の事情が、いじめという現象を引き起こす誘発剤の役割を果たすことはありますが、それがいじめという現象の根本的な原因であるわけではないのです。

たとえて言うなら、喘息《ぜんそく》とはタバコの煙やハウスダストを吸い込んだ後、激しく咳《せ》き込む病気ですが、この場合、タバコの煙やハウスダストは、あくまで喘息《ぜんそく》患者を咳《せ》き込ませる誘発要因に過ぎません。

喘息の根本的な原因は、体質や生活習慣によって気管支が過敏になっていることにあり、喘息を治すにはこの気管支の過敏性を改善する必要があります。

いじめという「病気」に対処するのも、これと同じことが言えます。人によって千差万別、一人の人間でも時と場合によって全く異なる誘発要因についてだけ考えていては、そのたびごとにゼロから対処の仕方を考えなくてはいけないし、仮にその対処法が成功したとしても根本的な治療に繋《つな》がることはありません。

〈欠如〉のはじまり

私たちは、ひとりひとり、固有の世界を開きながら生きています。これは私たちが生きるための地図、生の地図なのです。しかし、「世界が開かれている」感覚は、常に我々とともにあるわけではありません。残念ながらこの感覚が壊れてくる瞬間から、我々は自分という存在を見失う危険に、にわかに肉薄することになります。

「貧乏」も「愛情の不足」も、「多忙」も「災難」も「不名誉」も、同時並行で「世界がうまく開かれて」いればそこそこ耐えられるものです。

そしてそれに対して、「世界がうまく開かれていない」状態は、輪郭のぼやけた「苛立《いらだ》ち」「ムカつき」「落ち着きのなさ」「慢性的な空虚感」といった形で、私たちのうちに現れます。つまり何が問題で、どうすれば充足できるのかも分からないままに、ただ「何かが足りない」という危機の感覚だけが昂《たか》ぶってしまうのです。私はそのような条件で起こる、意味が定まらない生が根腐れしてしまった感覚、いわば存在論的な不安定を総称して、〈欠如〉と呼んでいます。

「欠如」という単語の意味を国語辞典で調べると、「あるべきものが欠けていること」とあります。私の言う〈欠如〉は、食べ物がなかったり、名誉がなかったりという個々の状況とは違っていますが、まさに「本来あるべきもの（＝世界がうまく開かれている感覚）」が「欠けている」ことが、一番最初の前提になっています。

学校という場所の特殊性

〈欠如〉が誘発されやすい状況というのは無数にありますが、とりわけ致命的な影響力を有するものを挙げると、次の四つです。

①「他人からの迫害」
②「自由を奪われる拘束」
③「ベタベタすることを強制されること、すなわち他人との心理的距離の不釣り合いな、あるいは強制的な密着」
④「全能感とのすり替え的誤用」（後に詳述）

これら四つの条件に晒《さら》されてしまうと、我々の心はとかく〈欠如〉を感じやすいものです。そしてこの四つの条件が多く重なれば重なるほどに、我々の心もより強烈に〈欠如〉を感じるようになり、歪《ゆが》んだ行動に走りやすいという結果を招きます。

身近な場所で言うと、工場などは、作業時間中に自由を奪われるという点で②の要素が際立って強い場所ですが、それ以外の要素は、（一般的には）さほど強くありません。

それに対して宗教団体は④を使って、たくましく商売をします。それに加えて、他人との距離が無理やり近づけられる面もかなりあります。

女性が借金返済のためやむなく風俗店に勤務するような場合も、③の典型例です。これに加え暴力癖のあるヒモがいたりすると、①の要素も濃くなる、というようなことも言えるかもしれません。

刑務所では②の要素が一番濃いですが、これに時々①（官吏や他の囚人からの暴力）や③が混在することもあります。

それを踏まえて学校という場所について考えてみると、改めて驚かされます。我々にとって非常に身近な場所の一つであるにもかかわらず、学校は前記四つの要素すべてが、ギトギトした濃縮スープのように詰まっているからです。

四つすべてがそろっているという点では軍隊も同様ですが、③や④は学校ほどではありません。つまり学校とは、「軍隊―刑務所―宗教団体」の三つが統合された、類を見ない場所なのです。

学校、とりわけ日本の学校が奇怪なのは、本来見知らぬ間柄でしかない人々を集めては適当にクラス単位で振り分けて、朝から夕方まで一つの空間に押し込めてしまう点です。そしてその教室に集められたメンバーは、そこに集められたというだけの赤の他人なのに、まるで家族のように「仲良し」でいることが、無理強いされてしまいます。

好きでもない相手とは精神的な距離を置き、差しさわりのない範囲で付き合うというのは、一般社会では誰でもやっている当たり前のことです。しかしそれを、学校という場所は決して許さない仕組みになっています。

そのような閉鎖空間で、不自然にも仲良しでいることを強制された生徒たちの心理には、当然の帰結として、強烈な「ムカつき」や「苛立《いらだ》ち」が生まれます。

そしてそのような場所では、もはや独立した個人として他人との精神的な距離を測る力も、次第に衰えていきます。本当は誰が好きなのか、嫌いなのかが当人にも分からなくなり、その判断を場の空気に委《ゆだ》ねてしまうのです。最終的には、もはや自分が誰なのか分からなくなっているのに近い状態です。

平均的な市民が一生のうちで体験する中で、これほどまでに強烈に〈欠如〉を駆り立てられる環境というのは、学校以外に見つけるのはなかなか難しいことでしょう。

いじめは学校だけでなくどこでも起こるものですが、特に学校で頻繁に、かつ極端ないじめが起こりやすいことについては、学校のこの特殊性が理解できれば、半ば納得できるはずです。

なぜいじめに向かうのか

最後に〈欠如〉についての、とても重要な特徴を指摘しなければいけません。

〈欠如〉が私たちを苛《さいな》む時、そこには常に耐えがたい「無限」の感覚がつきまといます。「世界がうまく開かれない」ということは無限に生が腐っていく感覚をもたらします。ここに不気味な「無限」という感覚が生じるのです。

〈欠如〉はこの構造を持っているために、これを埋め合わせる何かを必要とします。それが、いじめの問題を考える上で極めて重要な「全能感」という感情なのですが、次章ではこの「全能感」を中心に触れながら、いじめ発生のメカニズムについての、さらに深い部分に迫っていきましょう。

第七章　全能のシナリオ——いじめ発生のメカニズム　その2

映画《シャイニング》

《シャイニング》という、スタンリー・キューブリック監督による有名なホラー映画があります。

この映画では、主人公の売れない作家が小説執筆のため冬の間リゾートホテルの管理人になるのですが、実はそのホテルはいわくつきで、ホテルそのものに邪悪な精神が宿っているという秘密があります。そして作家は、いつの間にかホテルに心も体も乗っ取られて、すっかり別人になってしまい、それまでは大事にしていた家族を襲い始める……という筋書きです。

いじめの現場にも、この映画に出てくるホテルと同じように、人間の精神を乗っ取って、内側から操ってしまうかのような不思議なメカニズムが働いているということは、これまでにも説明しました。

本書の前章で分かったことは、そのメカニズムの出発点に、〈欠如〉という感情があることでした。今度はこの〈欠如〉が、私たちを突き動かしてしまうプロセスについて、説明します。

〈全能感希求〉とは？

前章までで私たちが理解した〈欠如〉とは、何が問題なのかも分からないままに、自分の生が無限に腐っていくような感覚に陥ってしまう、そのような状態のことでした。

この「無限に生が腐っていく」ブラックホールのような感覚から立ち直るには、例の「世界がうまく開かれていく」感覚が運よく訪れてくれればよいのです。そうなれば、再び充足の状態に戻ることができます。しかしそうでない場合には、「世界がうまく開かれている」感覚の似て非なるコピー、擬似的な体験をすることで、それを補おうという動きが、心の中に起こります。

つまり、自分自身のやり方で強引に、生の充足感（のようなもの）を引き起こす以外になくなってしまうのです。

そうした無理やりに引き起こされる擬似的な充足感を、私は「全能感」と呼んでいます。これを一般的な表現に言い換えるのは難しいのですが、「自分が無限の力に満ちて、何かのまとまりを取り戻したかのような錯覚」に近いものだと思ってください。

そして多くのしつこいいじめは、この全能感を求める人間の具体的なアクション、すなわち「全能感希求行動」のバリエーションのひとつです。「バリエーションのひとつ」と言ったのは、全能感を求める行動は、必ずしもいじめに向かうとは限らないからです。

人によっては麻薬の快楽に溺《おぼ》れる人もいるでしょうし、相手を取っかえひっかえする、過度なセックスに耽《ふけ》る場合だってあります。また人によっては本来必要とされていないほどに仕事に熱中して、果てしなく仕事に情熱を燃やすことで、「無限」の感覚を擬似的に体験しようとすることもあるかもしれません。

覚えておくべき大事なことは、「無限」の欠如に対して求められる錯覚の救いが、「無限」の全能であるということです。「無限」を擬似的に体験するところに「全能感希求行動」の特徴があります。また無限の闇に惹《ひ》かれた人は、自殺という手段で、自分なりの全能感を得ようとすることもあるでしょう。

全能感希求行動のシナリオ

さてここからは、〈欠如〉に駆られた人が、具体的にはどのようなやり方で全能感を得ようとするのか、そのメカニズムについて詳しく見ていくことにします。

全能感希求行動の特徴のひとつは、これを実行に移すとき、必ず何らかの「シナリオ」を必要とするところにあります。

このシナリオとは、要するに日常生活で見聞きしたり、あるいはテレビや映画などで間接的に体験することで、無意識のうちに私たちの中にストックされている関係のモデルのことです。私たちの住む社会には、「支配する人間」と「支配される人間」の関係のモデルが横溢《おういつ》しています。私たちはこれらを、普段意識することなしに、自分の記憶の中にストックしているのです。

それら呼び出されるシナリオは、普段は「完全な支配」とか、「打てば響くような照らし返し（亭主が「オイ」と言っただけで妻が察して灰皿を持ってくる、などの反応のこと）」とか、「辱《はずか》しめ」といった具合に、各ジャンルに分かれて私たちの記憶の中にストックされています。そして私たちの脳みそというのは、各シチュエーションにおあつらえ向きのジャンルのシナリオを、瞬間的に検索できるようにできているのです。

いざ実際に私たちが〈欠如〉に襲われ、全能感が欲しくて欲しくてたまらない状態に陥ると、私たち自身の中にストックされていたシナリオは、それぞれの状況に応じて、パソコンの中に紛れたファイルやフォルダを検索するように（あるいは図書館で蔵書検索するように）、適切なものが探し出され、実演されます。

このシナリオが厄介な点は、どのシナリオも一人芝居用にはできておらず、多くの場合、自分以外の、共演者の存在を必要とすることです。

というのも、全能体験のシナリオは、相手の苦痛に歪《ゆが》む表情や、身振りの中に具体的なものとして現れてくれないと（つまり、「共演者」としての被害者が一緒にシナリオを演じてくれないと）、まったくリアルなものとして感じることができないものだからです。

共演者としての被害者がいないと、全能のシナリオは、まるで映画やドラマの脚本を一人で音読しているような味気ないものになってしまいます。そして最後まで音読してはみたものの、結局、加害者本人が望んでいた全能の疑似体験は、露ほども得られなかった、ということになってしまうのです。

全能シナリオのジャンル一覧

自分にとって目障りな相手をただ単に打ちのめす手段としては、全国で日々報告されるいじめのバリエーションは、あまりにも手が込んでいます。時には、「よくもまあ、ここまで凝ったものを思いついたものだ」と感心してしまうほどのいじめの手段を、学校に生きる生徒らは創意工夫を尽くして創り出します。

たとえば、手の上におがくずを積ませておいてそこにライターで火をつけたり、半田ごてで足に×印の焼印を付ける。あるいはゴキブリの死骸が入った牛乳を飲ませる。靴を舐《な》めさせる。便器に顔を突っ込む。性器を理科の実験バサミで挟《はさ》んだり、性器にシャープペンシルを突っ込む等々。被害者が死んでもおかしくないような激しい暴力行為にも、しばしば奇妙なネーミングがされ、テーマソングや振り付けが考案されることまであります。

学校の外にあってはなかなか理解しにくい、いじめにまつわるこうした現象の数々を考えていく上で、「全能感希求行動」とそのシナリオの考え方は、とても有効です。

これにはさまざまなタイプがあるのですが、いじめに関連する全能感希求行動の場合、このジャンルは一番大雑把《おおざっぱ》なカテゴリーでは、「パワー」とか、「完全なコントロール」をモチーフとしたものになります。全能体験のシナリオは、一般に「全能のパワーに満ちた主役（自分）」

と、「自分のパワーによって悲痛とともに壊されながら、そのことによって自分はパワーに満ちていると、パーフェクトに思わせてくれる共演者」という配役で成り立っています。

つまり、①「完全にコントロールする主役（自分）」と、②「完全にコントロールされる相手役（他者）」の二者に加え、シナリオ上演によって主役が手に入れるエンディング（全能感）の3点セットからなるシナリオです。

この「コントロールする主役vsコントロールされる相手役」というジャンルのシナリオは、各々の現場では、さらに細分化されています。

細分化されることによって現れる小ジャンルは、以下にまとめられます。すなわち、
・「主人vs奴婢《ぬひ》」モノ
・「破壊の神vs崩れ落ちる屠物《とぶつ》」モノ
・「遊ぶ神vs玩具《おもちゃ》」モノ
の三つです。

もちろんこれらはいずれも、クライマックスで前三者（主人、破壊の神、遊ぶ神）が、後三者（奴婢、崩れ落ちる屠物、玩具）を完全にコントロールすることで全能感を得る、というエンディングとのセットになっているのですが、それについては、これより先は便宜的に省略し

ます。

この三つは、「共演者が他者として、固有の自発性の中心として生きていること（他者が他者であること）を前提として、その上で、相手役のその他者としての存在を叩《たた》きつぶして面白がる」ストーリーであることは、三ジャンルとも基本的に共通しています。

「主人vs奴婢《ぬひ》」モノの場合、今ある世界の秩序はそのままに、その秩序の上で主人が命令を下し、奴婢が唯々《いい》諾々《だくだく》と命令に従う、その支配を楽しむというストーリーです。

「破壊の神vs崩れ落ちる屠物《とぶつ》」モノは、単純明快な暴力のパワーを、そのまま楽しむというストーリー。

「遊ぶ神vs玩具《おもちゃ》」モノの場合は、「主人vs奴婢」モノとは対照的に、「遊ぶ神」は玩具を弄《もてあそ》ぶことによって、世界の秩序を強引にひっくり返したり、組み換えては、笑い転げて楽しむというストーリーです（前掲の、悪ふざけ的な趣向を凝らした「オリジナリティの高い」いじめの数々は、多くの場合このストーリーを含みます）。

これらのシナリオを実際に上演するために、相手役としていじめ被害者がキャスティングされます。「共演者」といっても虫けらのように扱われるわけであって、主役がスター級だとするならば、大部屋の斬《き》られ役にも等しい存在の「共演者」になるのですが、しかし実際にはこれらいずれのシナリオも、主役が共演者に依存する形で成り立っています。

たとえば、「奴婢」役が打てば響くような従順さで主人のわがままに応えてくれなければ、「主人」役の主役としてのアイデンティティは崩壊してしまいます。「玩具」役は、「遊ぶ神」役が望むようなかたちで弄ばれ、秩序の組み換えに協力してくれない限りは、「遊ぶ神」役は「遊ぶ神」ではいられなくなってしまいます。「破壊の神」役にしても「崩れ落ちる屠物」役がシナリオどおり崩れ落ちてくれないと、いつまで経っても自分の力に酔うことができません。

つまり、「主役」であるいじめ加害者は、企画したシナリオどおりに「共演者」である被害者が振る舞ってくれないと、主役でなくなってしまうわけであり、その意味では、完全に共演者に依存しているのです。

だからこそ、相手役たる被害者がシナリオどおりに振る舞ってくれない場合、主役たる加害者は加害者であるにもかかわらず自分が被害感を感じることになってしまい、激怒します。

私の父が、口に出さずとも自分の望むように振る舞うことを私に期待し続け、それができないからと、私に向かって「逆ギレ」した例などは、まさにこの典型ですが、こういった自己愛が損なわれた結果の逆ギレは、全能感を得ようとする過程では往々にしてあることなのです。まさに、「お前が思いどおりになってくれないおかげで、俺の世界が壊れてしまったではないか。どうしてくれるんだ！」という激怒です。

ひとつになるシナリオ

そしてこれら三つのシナリオは、必ずしも単独で上演されるわけではなく、むしろひとつのシナリオの中に他のシナリオが組み込まれる形で、しばしば一本化されます。ちょうど、藤田まことの《はぐれ刑事純情派》が刑事ドラマでありながら、ホームドラマや恋愛モノの要素を多分に含んでいたように、いじめによる全能感希求を狙った三本のシナリオも、よく一本のシナリオとしてミックスされます。そしてそれに伴い、メインのストーリーも、状況に応じて小刻みに入れ替わるのです。

「主人vs奴婢《ぬひ》」モノ、「破壊の神vs崩れ落ちる屠物《とぶつ》」モノ、「遊ぶ神vs玩具《おもちゃ》」モノのいくつかが、一本に組み込まれてできるシナリオが、いじめがはびこる場にしばしば見られます。そしてこのことを考慮に入れるなら、いじめの現場で、奇妙で趣向に富んだいじめがこれほど多く生み出される理由についてもきわめて明瞭《めいりょう》に説明できます。以下に紹介するエピソードは、そうした各シナリオが状況に応じて切り替わっていることの実例です。

和夫は（略）「おい、次郎。パンとジュースを買ってこい」と命じた。（略）

和夫にしてみれば、一年生のころから何度となくやらせていた日常的な使い走りであ

る。（略）

まったく意外なことに、次郎は「いやだ。みつかったら先生に叱られる」と断った。命じればなんでもやる。必ず言うことをきく。「だから次郎はオレのいい友達なのだ」と考えていたボスは、思ってもみなかった拒否に遭い、（略）不審に思った。不審の念はやがて、抑えようのない怒りに変わる。命じた用事を拒まれたからではなくて、おのれの存在そのものを否定された怒りだ。（略）

「さっきのあれはなんだ。てめえ、オレの言うことが聞けないのか」

次郎は答えない。無言のまま、拒絶の表情を浮かべている。和夫は少しうろたえ、とっさに体勢を立て直し、おどし道具を取り出した。ビニール・コードの一方の端の被覆をはぎとり、銅線をむき出しにして球に丸めたものだ。（略）

「おめえ、ほんとうにいやなのか」（略）

次郎は突如として床に膝をつき、両手を下ろし、土下座の格好になって言った。

「これで和夫君と縁が切れるなら、殴っても何をしてもいいです」（略）

和夫はいきり立った。

「今、なんと言った。もういっぺん言ってみろ！」

床に這いつくばった少年は、やっと聞き取れるぐらいの声で言った。

「これで和夫君と縁が切れるなら、何をしてもいいです」

夏休みの間中、けいこでもしてきたような同じ言葉。

「野郎、オレをなめるのか！」

和夫はビニール・コードを振るった。第一撃は頭に命中し、二発、三発とたて続けに腕や手の甲で音を立てた。見る間に、真っ赤なみみずばれが走る。


（佐瀬稔著『いじめられて、さようなら』草思社）


このケースで、当初和夫は次郎を自分のパシリとして使っており、この時点で彼が自分の全能感を得るため上演しているシナリオは「主人vs奴婢《ぬひ》」モノです。

しかし、予期せず次郎にパシリを拒まれたことで、彼のシナリオに狂いが生じます。「主人」役としてのアイデンティティが揺らいだ彼は、次郎に対して被害感を燃え上がらせ、自己愛に基づく逆ギレをします。

そして、その逆ギレが、新たなシナリオ「破壊の神vs崩れ落ちる屠物《とぶつ》」を誘発します。すなわち、和夫の全能感希求のためのシナリオは、相手役である次郎との関係が変化したことにより、第二のシナリオと切り替わったのです。

いじめの加害者は被害者が思いどおりにならないことに深い被害感を感じ、「逆ギレ」の状態になるのですが、その際には相手を「躾《しつけ》る」ことによって、抵抗を削《そ》ごうとする習慣が生まれやすいのです。

その過程では、単純にパワーを駆使する「破壊の神vs崩れ落ちる屠物」の全能感シナリオが上演されることが多いのですが、それが日常的に何度となく上演されているうちにマンネリが生まれます。すると、今度はそのマンネリを脱するためのアクセントとしての遊びの需要が生まれ、するといつの間にか従来のシナリオに「遊ぶ神vs玩具《おもちゃ》」モノのシナリオも混在するようになり、「暴力と遊び」が渾然一体《こんぜんいったい》となる形で、いじめは不可逆的にエスカレートしていくのです。

いじめがエスカレートしていく過程では、このように「被害者への躾」を契機として、「破壊の神」と「遊ぶ神」の役柄がミックスされ、習慣化します。

第八章　ノリこそすべて——いじめ蔓延のメカニズム

いじめがはびこる場所の秩序

先の二章で見てきたように、「世界がうまく開かれている」感覚が喪《うしな》われるところに、無限の生の腐食感、すなわち〈欠如〉が起こり、〈欠如〉は、世界の修復の似て非なるコピーである、全能感を要請します。

そして全能感を求める行動は複数のシナリオに基づいており、そのシナリオが一本化されるところに、いじめが多彩なバリエーションを生成しながらエスカレートしていく余地が生まれやすくなる。そうした一連の流れが、いじめ発生のメカニズムでした。

ここからは、そのいじめが共同体の中で安易に許容され、あまつさえ集団内の独自の秩序と関わりあいながら、不可欠なモノとして蔓延《まんえん》していくメカニズムについて、詳しく見ていきましょう。この場の秩序が解明されたところで、現行のいじめ対策がなぜ無力なのかも、ほぼ明らかになります。

学校の教室をはじめとするいじめがはびこる空間では、次のような報告がなされることがよくあります。

遊んでいただけ

ジャーナリストの青木悦氏がある中学校で講演をした際のエピソードは、そうしたありがちな事例の中でもまさに典型的な瞬間を、見事に切り取ってくれています。

青木氏はこの中学でホームレス襲撃事件について話したのですが、彼は大人たちが「人を殺したという現実感が希薄になっているようだ」と話しているとき、聴衆の中学生たちが反感でいっぱいになっていることに気がついたそうです。

ほとんどの中学生が、挑戦的な上目遣いの表情で大人たちを睨《にら》みつける中、ひとりの女子生徒が突然立ち上がって、こう発言しました。

「あの少年たちは遊んだだけよ」

それに周りの生徒たちも呼応して、中学生からの発言が相次ぎます。

「一年のとき、クラスで〝仮死ごっこ〟というのが流行ったんです。どちらかが気絶するまで闘わせる遊びなんですが、私は『ひょっとしたら死んでしまうんじゃない？　やめなさいよ』と止めました。そしたら男子が『死んじゃったら、それはそれでおもしろいじゃん？』というんです。バカバカしくなって止めるのをやめました」

　耐えかねたように、一人の教師が「ほんとに死んじゃったら、遊んでたみんなはどう思うんだろう？」と尋ねました。だが、生徒からは、

「あっ、死んじゃった、それだけです」

「みんな、殺すつもりはないんです。……たまたま死んじゃったから事件になってさわぐけど、その直前まで行ってる遊びはいっぱい学校の中にあります」

（青木悦『やっと見えてきた子どもたち』［あすなろ書房］より一部引用）

　もうひとつのありがちな例も挙げておきましょう。いじめをしていることを教師から責められたある女子中学生が教師に対して抗議した際の言葉《せりふ》ですが、クラス会でいじめの当事者同士に発言させればお決まりのように飛び出すのが、こうした主張です。

「いじめは良くないと思うがやっている人だけが悪いんじゃないと思う。やる人もそれなりの理由があるから一方的に起こる《ママ》のは悪いと思う。その理由が先生達からみてとてもしょうもないものでも、私達にとってとても重要なことだってあるんだから先生たちの考えだけで解決し

ないでほしい」

別の中学生もこのように非難します。

「いじめられた人はその人に悪いところがあるのだから仕方がないと思う。それと先生でも、いじめられた人よりいじめた人を中心におこるからすごくはらたつ。だから先生はきらいだ。いじめた人の理由、気持ちもわからんくせに」

（竹川郁雄『いじめと不登校の社会学』〔法律文化社〕収録のアンケートより）

「ノリ」は神聖にして侵すべからず

第五章に書いた、私が山形県新庄市で聞き取り調査をした時のエピソードを、ここで思い出してください。

あの事件で殺された児玉有平君の地元新庄市では、市民たちがグロテスクな「自分たちなり」の秩序を作り上げていました。

これと同様、逆ギレする中学生たちも、自分たちの中に生まれた「俺ら（ウチら）基準」の秩序を、ものすごく大事なものとしながら生きていることが分かります。

彼らにとっていじめは悪いことではありません。むしろいいことです。彼らの中には、「俺らなりの秩序」に基づく独自のヒエラルキー（上下関係）が確立されていて、その遊びの盛り上がる時の高揚感に比べれば、遊びの玩具《おもちゃ》に過ぎないヒエラルキー下位の人間がたまたま死んでしまうことは、「あ、死んじゃった」以上の意味を持ちません。

これは一部の人が言うように、中学生たちの人間関係が「希薄」になったからではありません。大人の説く綺麗事《きれいごと》に対して、彼らなりの「遊び」の世界を擁護しようとする情熱は、うかつに触ると火傷《やけど》しそうなほどに強烈です。むしろ、一般社会に住む我々が他人との間に通常結ぶ距離よりも、もっと何倍も接近した濃密な「ノリ」の世界が、中学生たちの間には存在しています。

彼らはクラスメイトが死んでも「あっ、死んじゃった」で済ませる「希薄」きわまる関係を、お互いに「濃密」に密着させては、共鳴しあい、遊びあって生きています。

彼らが作り上げる小さな社会の中では、仲間内の「ノリ」や「盛り上がり」が、価値判断をする上での一番大事な基準です。彼らはその場その場で生まれるノリを崇《あが》めては畏《おそ》れ、奉《たてまつ》るのです。

彼らにとって好ましいのは、この「ノリ」を盛り上げることです。

だから彼らの社会では、それが「ノレる」ものである限り何をしても構いません。それこそ人が死ぬかもしれないことだろうが、「ノレる」限りはなんの問題もなく許されるのです。

イベントとしてのいじめ

いじめの加害者たちが「どうしていじめたのか?」と尋ねられ、「面白かったから」「遊んでただけ」と答えたのは、彼らが特に悪ぶっているからでもなければ、斜に構えて本音を隠したからでもありません。

彼らは「彼らなり」の「ノリ」の秩序に従って、本当に遊んでいるに過ぎません。だから彼らの答えそのものには、悲しいほどに嘘《うそ》がないのです。

いじめにおける「遊び」は、「ノリ」を生み出し、維持する上できわめて重要な意味を持っています。いじめに耽《ふけ》る者にとって「遊び」とは、「俺らなり」の秩序に従いつつ、それを拡大再生産する、「道徳的」な行為です。

その「ノリ」が盛り上がるならば、どんな遊びも許されます。そして、集団内部での彼らの身分も、この「ノリ」の盛り上げにどれだけ貢献できるか、どれだけそのノリの主導的な位置にいるかによって、大きく左右されることになるのです。

いじめで人を死なせるのも、彼らの仲間うち「なり」の秩序に従ったまでのことです。赤の他人が無理やりベタベタするよう集められた学校で、生徒たちはどうしようもなく狭い自分たちの生活空間を、遊びの「ノリ」で埋め尽くし、その「ノリ」の奴隷として生きています。

先ほど「道徳的」という言葉を使いましたが、逆に、みんなの「ノリ」から浮いた言動は、集団内部にあっては、何よりも嫌われ、憎まれる「不道徳」な行為です。そして彼らが基本的なヒューマニズムとか個人の尊厳のようなものを憎悪するのも、これらが彼らの「ノリ」に背《そむ》くものであるからに他なりません。

彼らの価値基準はとてもシンプルなものです。いじめは、その時その状況にいるみんなが、気持ちよく「ノレる」限りにおいてはガンガンやるべき「良い」ことです。そして、その「ノリ」にうまく気持ちと体を同調させるのも、そのシチュエーションでは歓迎される「良い」ことです。

しかし、その「ノリ」の中で浮き上がっているやつは問答無用で「悪い」。さらにみんなから浮いているにもかかわらず、自信を持っているようなやつは「許せない」。そういうやつは徹底的に懲《こ》らしめなくてはいけない、となります。

ヒエラルキー下位の弱い者が、自分の分際もわきまえず、人並みに堂々としている、あるいは朗らかに笑っているなんて、ものすごく「悪い」。人権とかヒューマニズムなんてものを持ち出すのは、当然「悪い」のです。

全能感希求行動がもたらす「ノリ」の高揚は、集団内で共有されることによって、集団が暮らす場の中に解き放たれ、増幅します。そして、増幅された高揚感は、《シャイニング》におけるホテルの邪悪な意思のように、今度は集団内の個々の人間の内側に入り込みます。

あるひとつの場にいる人たちの心理状態は、彼らのいる「場」がどういうものであるかによって、大きく異なります。しかし一方では「場」の側も、その有り様はその場を構成する人々の振る舞いによって規定されています。つまり「場」と「人」とは、お互いがお互いに入り込み合って、螺旋《らせん》状の関係にあるのです。

いじめがはびこる場所では、いじめをする人々の「ノリ」に基づく独特の秩序が作られていましたが、この「ノリ」の秩序は、その場にいる人々の心の内側に入り込み、作用しては内側から動かします。

そしてその「ノリ」に内側から動かされた人々による行いが、今度は「場」をそれまでとは違ったものに変えていきます。

いじめがはびこる場所で、多くの人が本来の自分とはかけ離れた行動を平気でできてしまうことの不思議については何度も述べましたが、それも、このような螺旋の関係の中で起きていることなのです。

第九章　心理と社会の交わるところ

いじめと利害計算

これまで、いじめが起こるメカニズムを、〈欠如〉や「全能感」という人間の情念の面から見てきましたが、前章の終わりでは、今度は社会との関わりという側面が新たに浮かび上がってきました。

実際に、いじめは人間のドロドロした情念だけが引き起こすわけではありません。いじめにはきわめてドライかつシビアな、利害の側面が付きまとっています。

それを証明するように、いじめの加害者の行動を見ると、徹頭徹尾狡《こす》っからい利害計算に基づいていることが分かります。

自分が多大な損失を被ることがわかっていても特定の人物を「いじめ」続けるケースは、報告されている限りほぼ皆無です。

いじめの加害者たちは、いざ自分が危ない目に遭いそうになると、驚くほどあっさりと手を引きます。その淡白さは、数々の例を検証していても拍子抜けするくらいです。

いじめの相当に深刻なケースでも、親、教師など「強い者」に注意されることで多くの場合はいったんはやみます。「自分が損をするかもしれない」と思うと、すばやく行動をやめて様子を見るのです。

ところがしばらく大人しくして、「もう大丈夫」であることを確認すると、「チクられた」怒りも手伝って、いじめはエスカレートします。この段階になってしまうと、加害者としても親や教師の力が「思ったほどではない」ことは織り込み済みですから、事態が悪化する可能性はより高まります。被害者が他殺や自殺にまで至るような深刻ないじめは、最初の段階で「いじめをすると自分も酷《ひど》い目に遭う」と思わせることさえできればその大多数は食い止めることができるものですが、「たいした罰は受けない」と思わせたが最後、破滅的な事態を招きかねません。

多大なリスクを背負い込んでまでいじめが起こることがほとんどないのとは対照的に、リスクの少ない環境であれば、いじめはやむことなく、どこまでもエスカレートします。この点についても、どの例を検証してもほぼ間違いなく言えることです。

クラスの中の政治闘争

多くの執拗《しつよう》ないじめは〈欠如〉に襲われた人々が、全能の陶酔を無理やりにでも引き起こしたいとの欲求に方向づけられるものである一方で、冷徹な利害計算にも裏打ちされています。従って、いじめという現実を読み解くには、情念の面と合理性の面、両方からの分析が必要です。

人々の情念の欲求だけで動いている社会も、利害計算だけで動いている社会も、現実にはありません。

人間の生活は多かれ少なかれ、全能への欲求と利害計算のバランスで成り立っているものですが、いじめはこのことが極端にあらわれる実に典型的な状況です。

日本中どこの学校のクラスでも、権力と保身をめぐっての鞘当《さやあて》が繰り広げられている、と言ってもいいでしょう。

ここに紹介するのは、以前私が、Zという高校生から聞き取りした事例です。

Zのクラスには殴られ要員がいました。Zは観客で、殴られ要員が殴られるのを見物しては、囃《はや》し立てて楽しんでいました。

「無理して付き合ってる。さぐりあい。ホントは付き合いたくない。騙《だま》しあいなんだよ、要するに。あの学校では。上の人の話を単に聞くだけじゃなくて、話を聞く態度、要するに接している態度を見せなければならない」

「接している態度って?」と私が尋ねると、Zは、「話を合わせる。相手はどんな気分になるのか?　こいつは仲間なんだなと、そう思うんじゃないの?　殴られ要員にならないために、話を合わせる。自分だけでなく、みんなそう。いじめられる第一の原因は見かけ。『こいつ、変な顔してる』から始まる」と、答えます。

——変な顔してるやつが強かったら?

「みんな従っちゃう。素直だから」

ある生徒がクラスのほかの生徒から「変な顔」に認定され、いじめの標的にされるかどうかは、あくまで相手が強いかどうかによっています。相手が強い場合、クラスの生徒たちの全能感希求行動はその相手に向かうことはありません。

ところでこの場合、強い人間の顔が仮に客観的に見て「ヘン」であっても、そのように思ってしまったら、もはやいじめの場で生き抜くことはできません。別のところに「本当の感情」を確保しつつ、合わせている「フリ」をすることで醸《かも》し出される独立した人格の雰囲気は、いじめの場では、何よりも嗜虐的《しぎゃくてき》な気分を誘うものです。

「こころから」そういう気持ちにならなければいけないのです。

ですから、クラスの「ボス」にいじめられないためには、たとえ彼が客観的にどのような顔であれ、「変な顔」と思わない自分に、心の底からなりきらなくてはいけません。過酷ないじめの戦場では、自分の感情を明け渡し、その場で信じられている約束事を、本気でそのようなものだと思える人間しか、被害を免れることはできません。

漫画『ドラえもん』では、不器用なのび太がジャイアンにうっかり本音をしゃべってしまい殴られるシーンがよく出てきますが、それとは対照的に、スネ夫はうまくおべっかを使いジャイアンに取り入っています。ですが実際のいじめの現場では、そのような小手先の面従腹背はなかなか通用するものではありません。

絶対の強者ジャイアンに最後までいじめられずに済むには、彼のヘタクソな歌声を本気で美しいと思いこんでしまうくらいの、「こころから」の「感情の酷使」が必要です。学校の生徒たちが強いられている「精神的な売春」の過酷さの一端が、この例で分かってもらえるでしょうか？

【対談】東郷高校での監禁事件から三〇年目に

いじめが〈欠如〉「全能感」など情念の産物である以外に、冷徹な利害計算も絡んだもの、いわば心理と社会の接合面であることを私が最初に気づいたのは、実は一五年ほど前、東郷高校の元教員である加藤淳氏と手紙のやり取りをしたことがきっかけでした。

加藤氏は東郷高校で教鞭《きょうべん》を執りながら、東郷のやり方に最後まで馴染めなかった数少ない教員のひとりです。

加藤氏が私にくれた手紙には、「東郷高校の教員たちが内藤君を酷《ひど》い目に遭わせたのは、徹頭徹尾、損得ずくでのことでした」という意味の一文がありました。

私自身もそれまでは、〈欠如〉や「全能感」などからいじめの分析をしていたのですが、この一言で、利害と全能の結合を問題にしなければならないことに気がついたのです。すなわち、計算ずくで、群れて悪いことをするメカニズムを分析しなければならないと気づいたのです。

このことは、いじめのメカニズムの全容を解き明かすとともに、次章以降に語るいじめの解決策を構築する上でも大きなヒントになりました。

今回本書を出すに当たって、私と加藤氏はおよそ三〇年ぶりの再会を果たしました。東郷高校での加藤氏の実体験談には、ある集団の中での暴力や支配が、その集団の中での処世術と密接に結びついていることが如実に示されているとともに、本書で述べたほかの事柄についても、いくつもの興味深い示唆が含まれています。

加藤氏の話は、まず東郷高校設立の背景を振り返ることから始まりました。

■教師サイドから見た東郷高校

加藤淳氏（以下、加藤） 当時、旭丘とか、明和とか、そういった愛知県の秀才が集まる高校では学生運動がすごくてね。生徒が「卒業式なんかやめよう」と言い出すとか、校長を閉じ込めて学園封鎖にまでなってしまうとか、そういったことが、愛知県の数校であったわけです。

高校全入時代を迎えつつあった中で、「ああいうことをやる高校生を育ててはダメだ」という世間的な流れが、東郷を生み出す背景としてあったということですね。

ただひたすらに勉強をし、先生の言うことを聞く学校を作らなくてはいけないという下地が世間にあった。だから、東郷高校は、高校にあるまじき高校ではあったんだけど、学校が勝手に暴走したわけではなく、「子どもに政治運動なんかやらせたくない」という保護者には、とても支持されていたんです。

東郷式はこの後野火のように、千葉、愛媛など全国に広がっていきましたが、私が後に調べた限りだと、やはり東郷が管理教育の先端だったと思えます。当時の日本に生まれつつあった風潮の先端であって、象徴的な学校でしたね。

結局、東郷が大学進学率で実績を上げた結果、もともと自由な校風だったはずの旭丘や明和などの進学校まで、東郷の影響をそれなりに受けていきましたからね。

内藤朝雄（以下、内藤） なるほど、そんな感じだったんですね。

加藤 本来、評定で3・5くらいの平均より下の学力の生徒たちが、言われたことには完全服従する教育をした結果、大学進学率で誰もが驚くほどの実績を上げてしまったものだから。

もちろん、これにはものすごいカラクリがありました。国立大の合格実績を作るために「後輩たちのためだ」と称しては沖縄や岩手の大学を無理やり受験させたり、一人の成績優秀者に何校もの受験を強制することも、かなり露骨に行われていたからです。

進路指導の委員会では、「こいつはここだったら受かるからここに」って感じで割り振っていました。そんなわけだから、東郷の実績というのは、誰もが驚くほどの数字を上げたのは事実ではあったんですが、架空のものだった面も多分にあります。

私は昔、こういう東郷高校の実態を他の学校で説明したことがあるんですが、その後、「加藤が東郷の悪口をしゃべった」ということで、ずいぶんやられましたね。

内藤 それは……たいへんに勇気のある行動でしたね。

■入学前から話題の存在

加藤 あなた……もう大学の先生だから、「あなた」でいいよね？　あなたが東郷高校にやってきたときのことは、今でもよく覚えていますよ。入学前から、話題になっていましたから（笑）。

東郷のような新設校は大学進学率を売り物にするので、新入生が入学する前の三月には、もう宿題を出させていたでしょう？

三月に提出させた「どういう高校生活を送りたいか」という宿題の作文で、「運動会の徒競走で、ヨーイドンのピストルが鳴った瞬間に、みんなが前方に向かって走ったのに僕は逆方向に向かって走った」ということを、あなたは書いていたんですよ。

実はそれが提出された時点で、職員室では大騒ぎでした。みんなでまわし読みしては、「おい、こんな作文書いてきたやつがいるぞ。ふざけやがって！」とね。

当時赴任二年目の私は、職員室ではもうすっかり孤立して距離を置いていたので、「へえ、面白いのが来るなあ」と思ったんだけど、他の教師はみんな手ぐすね引いて、あなたの入学を待っていました。「体制に乗っかかる」生徒を作りたい学校にとっては、これはもう、すごく癪《しゃく》に障《さわ》る作文だったわけです。

内藤　そうだったんですか……。しかし、徒競走のあれは幼稚園のころのエピソードなんだけどなあ（笑）。それでそこまでハッスルしちゃうってのは、なんかすごいですね（笑）。

加藤　彼らにしてみれば、「こんなやつすぐに体制に組み込んでやる」っていう自信は、絶対あったでしょうね。

■「内藤叩き」で保身

加藤　新設校だった東郷には若い教師が多かったんですが、若い教師の場合、手加減知らずで無茶をやり過ぎる恐れがある。この問題児を扱うにはベテランがよかろうということで、内藤さんは一年次はUさんのクラスに割り振られました。Uさんもベテランといっても、当時の私と同じ四十歳くらいでしたけどね。

だが、わりと穏健で無茶はしない人だったので、Uさんのクラスだったらよかろうということになった。実際いい先生だったと思うよ。内藤さんも彼には、そんなに怒られなかったんじゃないかな？

内藤　うーん、Uさんの考え方に賛成はできないですけど、他の人に比べると、「うまいな」って印象はありましたね。切れちゃって理不尽なことをムチャクチャやるってことは、確かになかったですね。

加藤　そうだね。ただ彼の場合も、東郷の体制には完全に乗っかっていた人ではあった。東郷のやり方は完全に正しいと思っていたから、それに対して真っ向から向かってくるあなたのことを、「困ったやつ」とは思っていたはずですよ。彼も校長にまでなったけど、もう亡くなっちゃっいましたね。だから三〇年ってね、長いですよ。

内藤　エーッ⁉　体つきもがっちりしてて長生きしそうだったのに……。

加藤　他の教員には、Xさんという、私たちと一緒に（愛知高教組の）組合に入っている人がいてね。彼などは名目だけの組合員で、義理で入っていただけだったんだけど、何しろ東郷高校の教職員全体で、組合に入っているのは三人しかいない。

組合員というだけで煙たがられるので、彼はすごく肩身の狭い思いをしていたわけです。彼なんかはUさんとは対照的に、内藤さんが来て以来、徹底的にあなたを虐《しいた》げる側に回りましたね。

内藤　たしかに、その人にはかなりやられた覚えがあります。

加藤　彼などは、「俺だって、日ごろは組合なんかに入っているけど、でもこの内藤だけは許せないんだ」ってところを、他の同僚たちにすごく見せびらかすわけですね。

■集団心理

内藤　加藤さんは、東郷高校の実態を赴任前すでにご存じだったんですか？

加藤　聞いてはいたけど、高校である以上知れたものだと思っていましたね。それが実際来てみると、聞きしにまさるというか。職員室はいつも怒号が鳴り響いていました。叱《しか》られにくる生徒が、「○年○組、××△△、□□の件で、先生に叱《しか》られに参りました！」と。それもすごくつまらない件で。やかましくて仕方なかった。日本では新入社員研修とか、伝統的にそういう文化ってあるのかもしれないけど、まさか学校でとはね。

さらに大学進学率で東郷のやり方が実績を上げるにつれて、ますます反対の声もだしづらくなっていきましたしね。元々大多数の親というのは、政治とか遊びとかで踏み外してほしくないし、勉強だけしていてもらいたいというものだから。なかには越権行為だという人もいたけど、（多数の親が歓迎している以上）そういう声はかき消されちゃいますね。

内藤さんは出してないと思うけど、夏休みにしても、勉強時間がものすごくギッシリ詰まったスケジュール表を提出させて、その時間ちゃんと勉強しているかどうか、家に電話かけてチェックしていましたね。外出中だったりしていると、「おい、この時間勉強してるはずじゃないか？」と。「家庭訪問」と称して家に上がりこむのも当たり前だった。

そのせいでノイローゼになって退学しちゃった子もいましたね。たしかお寺の子で。自分の家がお寺だと知られたくなかったのに、家庭訪問で担任が来たのがきっかけでバラされちゃって。

結局集団になると、体制に乗っかって先んじようとする人間が出てくる。「昨日家庭訪問でこんなもの見つけたから持ってきてやった」とか「親に許可なく家に上がりこんでやった」というようなことが、職員室の中で手柄話のように語られるようになるわけです。東郷のやり方を各教師が勝手にエスカレートさせるんだけど、それを手柄争いするみたいに、みんな張り合っていた。

内藤　ああ、それは……面白いなあ。「名古屋アベック殺人事件」(一九八八年、当時十七歳から二十歳の六人の男女からなる不良グループが、名古屋港の埠頭《ふとう》でデート中のアベックから金品を強奪することを計画。数回の強盗を成功させるうち犯行がエスカレートし、当時二十歳の女性を輪姦し、その連れの男性ともども絞殺した事件)でも、非行少年の集団が、お互いに「俺はここまでやるぞ」と仲間内で見せ合いっこしてるうちに、普段はやらないことして殺してしまったけど、これによく似てますね。

加藤　私は、ナチスドイツでも同じような例があったと、後に聞きました。

内藤　教師がものすごく人道に反するようなことを生徒にした場合、今だったらそれを口を閉ざすんでしょうけど、あの当時は……。

加藤　そう。むしろ威張れるわけだね。校長にしても、「生徒の進学のためです。苦情は全部私が受けるから、あなた方は好きなようにやりなさい!」などと、教員たちをけしかける。

内藤　生徒に過剰な暴力を振るうたびに、その激しさを同僚にアピールするようになるわけですね。するとますます教員たちは、「俺ももっとやらなければ」という圧力を感じるようにもなりますね？

加藤　そう。まさにそういうことがありました。

■教師たちの「手柄」争い

内藤　職員室にも、教員同士のいじめや圧迫がありますよね？　するとその中で、「俺はこんなにやったんだぞ」ということを、いつも同僚に向けて示さなければいけない空気があったんでしょうか？

加藤　見るからに弱々しい、「この人、東郷でやっていけるのかな？」と心配になるような新任教師が赴任することがあるんですけど、なんのことはない、二、三ヵ月もすると、生徒にガーッと言えるようになっちゃう。でないと、やっていけないから。職員室の中であえて大声で叱《しか》るのを見せつけることで、はじめて「仲間」に入れてもらえる。

　だから僕は東郷にいる間、人間が反対になってしまう例をよく見てきましたよ。最初は「こんなことは絶対にしてはいけない」と思っていた人が、コロッと変わってしまう。そして実は、むしろそういう人のほうが極端なことをすることが多いわけです。林間学校で皿を舐《な》めさせちゃったり、魚の骨まで食べさせたり。内藤さんは、林間学校は？

内藤　ええ、行きました。覚えてます。

加藤　実は、あれだって最初は、ただ単に食器を綺麗《きれい》に洗わせるだけだった。それがある時、そういう（東郷に赴任して人が変わった）タイプの先生がやらせて、「魚の骨まで食わせてやった」と自慢したことで、定着してしまったんです。

私などは生徒がどうしても卵を食べられなくて困っていた時、同僚に見つかる前に思わずパッと食べてしまったことがあるんだけど、その時は「情けないな」と思ってしまった。

それに東郷では、「何人」叱るかも手柄でしたね。東郷の研修登山は電車の中でも私語禁止だったんだけど、その違反者を何人叱ったかを担任たちはみんな数えていて、クラスごとで競争していた。「あいつは二〇人叱ったけど、俺は一三人しか叱らなくて恥ずかしい」というような。

内藤　失礼ですが加藤さん自身は、東郷高校のやり方に染まりそうになったことは全くなかったんでしょうか？

加藤　染まりそうになったことはなかったと思うけど「楽になりたい」とはいつも思っていました。例えば、鉄道会社がストライキの時ですら、生徒が何人ストを無視して学校に来たかを、職員室の黒板に貼りだして競っているわけです。当然厳しい人のクラスほど沢山来るんだけど、僕のクラスだけ明らかに少ないので、いたたまれない。結局あの学校には四年いましたけれど、一年目から転任の希望を出していました。

内藤　特に激しくやる教師が、他の教師から羨望《せんぼう》の的になったりとかは？

加藤　羨望というわけでもないけど、競争ムードは本当にすごかったですね。楽になりたい一心でやる人もいたと思います。僕みたいに中途半端に抵抗しているとものすごく苦しいから。

生徒が校則に違反して、カバンにワッペン貼っていると取り上げなくてはいけないんですが、僕の場合、「貼るな」とは言いたくないものの、かといって「貼っていい」とも言えない。だから、生徒たちには、「カバンにワッペン貼ったやつを取り締まるのも馬鹿だけど、ワッペン貼るのも馬鹿だぜ」というような言い方しかできなかった。

こういうのは生徒からも馬鹿にされましたね。服装検査の後にも、学級日誌に、「先生は東郷流に反対するようなフリをするけど、いざとなると、東郷流でやる」と書かれていた。われながら卑怯《ひきょう》だとは思ったけど、一人とか二人分の違反だけ報告して。俺だけ服装検査やらないなんてできないから。そんなことだから、月曜日が来るたびに、監獄に行くような気分でした。帰る時もこっそりでしたね。

内藤　うんうん（頷《うなず》く）。

加藤　あなたが生徒会長選に出た時も、みんなから蹴《け》っ飛ばされてリンチを受けながら必死に耐えているのを見て、「助けたいけど……ダメだな、オレでは」と横目で見ていて、みんなが去ってから「おい内藤、起きろ！　負けたらダメだぞ！」と言ったことはある。だけどみんなの面前ではそれはできなかった。卑怯だなとは思うけど、でも自分としても学校を辞めるという選択肢はなかったしね。見守る以外には、何もできなかった。

内藤　そこで目立った教師たちは、その後の出世の面では早かったですか？

加藤　それは間違いなくありました。愛知県教委も応援していましたし。東郷でそこそこちゃんとやった教師たちは、ほとんど皆、教頭までいきましたから。それこそ、「東郷は養成所」といわれるくらいにものすごい率でしたよ。既設校が「東郷流」を採用していく筋道は、すでにできていたわけです。

内藤　先ほども話に出たXさんですけど、ああいう人格的にちょっと未熟なタイプが、逆に自分の立場を維持するため無理してやる方が、強烈な虐待を加えることって実際よくあることですよね。元々自分が狩られる側だった人間が狩る側になると、あんばいが分からなくて無茶をしちゃうという。実際そういうタイプのほうが危ういんだけど、Wさんなんかも、まさにそのタイプ。Wさんとか、Xさんみたいな人も出世しましたか？

加藤　知る限りXさんは（校長には）なってない。でも、彼らは東郷の外には出たがらなかったよ。一度適応してしまえば、東郷というのは、生徒はなんでも言うこと聞くし教師にとっては楽な環境。だから、いつまでもいた。

■教師どうしの争い

内藤　Zさんもあのタイプですよね？

加藤　Zか！　彼は僕より三つか四つ下で、机も僕の横だったんだけど、僕にとっては天敵だった。例えば……「Z先生に叱《しか》られに来ました」という生徒が、そのときZがいなかったので、三〇分くらい立って待っていたことがあった。「俺がいない時は立ってろ」と言われていたらしいんだけど、僕が「いいよ、Zさんのところに座ってろ」といって座らせたら、彼はそのことを凄《すご》く根に持ってしまって……。それから学年会などでことあるごとに、僕に難癖をつけるようになった。

彼とはすごいやりあいをしましたね。学年会のたびに。僕はZから、車のキーをぶつけられたこともあった。

僕は彼のクラスの英語も受け持っていたんだけど、成績が上がらないと、「淳さん（著者注・加藤淳氏のこと）が担任やるとダメだ」と言われたりね。

英語なんて暗記だから、厳しくやればいい点になるのは分かりきったこと。でも勉強というのは元来そういうものではないし、1点や2点の平均点がどうの、と僕が言うと、彼は、「言い訳だ！」とか、「あんたが軟弱なのは構わんが、人のクラスまで軟弱にしてくれるな！」とか。

内藤　他の先生たちは、加藤さんとZさんのそうした争いを、どういう風に見ていましたか？

加藤　「またZがやったぜ！」みたいに、ある意味賞賛しているところもあった。「Z、いくらなんでもやりすぎだぜー」と言いつつ、本当にやめさせたいというよりは、けしかけるところもあったかもしれない。

　後にZの生徒で教師になったやつもいるけど、その子に「彼が担任だったなら、大変だったろう」と言ったら、「いえ、あれはあれで。僕はあの人のおかげで教師になりました」だって（苦笑）。たしかに大した成績じゃないのに先生になれたような生徒は、東郷には何人かいたんだけどね。

　東郷の場合、卒業生の結束は強いよ。同窓会とかはものすごくしっかりしているし、僕がもらった卒業生からのはがきにも、「昔は反発しましたが、東郷高校のことが、最近になってようやく分かってまいりました」とか書いてある。

■東郷高校とは何だったのか？

内藤　自分の人生を振り返ると、右翼と左翼の対立する時代に巻き込まれたのかな、という思いがあるんです。東郷高校のやり方を見ると文化大革命にも似ているし。旧東ドイツの密告社会にも似ているし。戦前の日本よりも、社会主義の体制に似ているところもありますよね。すごい圧迫を集団の中で加える独特のやり方とか、網の目の細かさとかえげつなさは、右翼が支配した戦前戦中の日本よりも、むしろ社会主義国家のそれに似ている印象がある。

加藤　そう。それはある。

内藤　おそらく東郷高校を作った右翼思想の人たちは、共産主義の台頭を恐れた人が、防波堤の役目を期待して作ったんだろうけど、それは皮肉なことに、左翼国家のコピーを作ってしまったという気がするんです。

加藤　正しい分析だと思うよ。

内藤　東郷の二人いた教頭、Y教頭とV教頭はあれ、おそらく元々は日教組で、転び組合の人じゃないですか？

加藤　あ、わかる？　あれ二人とも転びだよ。

内藤　彼らの、政治的なやりくちとか、左翼と右翼のやりくちがうまい具合に混ざっていて、相乗効果が働いているような気がしてたんです。特にYなんか、ソ連とか東ドイツの官僚の身の処し方に、すごく似ているように思ってたから。

加藤　たしかに、両方のやり方を知っているからね。でも彼自身は絶対自分が右翼だなんて認めないだろうけどね。

内藤　意図的に混ぜるんじゃないんだろうけど、人間というのは混ざるんですよね。右と左が。もともと全体主義的なメンタリティの人がなりますからね、右翼と左翼は。右でも左でもない、リベラリストの独立勢力を育成しないと日本は危ないと、あちこちで声をからして言っています。特に教育の分野は、右か左のどちらかの人たちが牛耳ってきましたね。彼らには引退してもらわなくてはいけません。

だから愛知県は、東郷高校で暴力を振るって出世した者たちを、責任ある地位に就けてはいけないんです。もし愛知県が、彼らを指導的な地位に置き続けるとすれば、それは県が暴力を認めたことになりますよ。それはとんでもないことです。

■日本に遍在する「東郷」

加藤　昔、内藤君に話したこともあるけど、本当に人間というのは、まっすぐじゃなくて、ジグザグに進歩していくもんだよね。行ったり来たり。進んだら戻ったで。

今、東郷みたいな学校はないんだけれど、こういう図式はまだまだ社会のそこらじゅうにある。オウムでも、サラ金でも、普通の会社でも。

内藤　僕も一時は東郷高校は時代に見捨てられた存在だから、「もういいかな」と思ってたんだけど、そうこうしているうちに信じられないほどタカ派が強くなっちゃって……。

東郷高校的なものというのは、今は水で薄められているだけであってかなり普遍的に日本の中に遍在しているものだと思うんです。そして、ちょっと環境条件が悪くなると、雨後のたけのこみたいにいつでも芽が出るようになっている。

加藤　そう。日本ではかなり普遍的なもので、日本の集団主義の原型が見える。そういう意味で東郷を無視してはいけない。東郷高校に圧縮されていたものというのは、かなり水で薄められてはいるけれど、ごく普通の会社とかにも残っているわけだから。

私はもう齢《とし》だけど、だからこそ内藤君の研究には本当に期待しています。頑張ってください。

第十章　短期的解決策

はじめに

ここからはいよいよ、いじめ問題を解決するための具体的諸策を示すことになります。対策は大きくは短期的解決策と中長期的解決策の二つに分かれています。中長期的解決策は、明治以来の日本の教育制度を根本から改めるものであり、実現させるとなるとかなりの大事業になることは避けられません。

ですが短期的解決策のほうは、今の学校制度を前提とした上での改革であり、あっけないほど簡単にできてしまいます。しかも、その効果は絶大です。

この章ではまず、その短期策のほうから示していくことにしますが、それについて述べる前に、まずはこれまでのいじめ対策の何が問題だったのか、改めて総括をしてみましょう。

これまでの何が間違っていたのか

旧文部省時代より、日本で行われてきたいじめ対策は、生徒の「こころ」にアプローチする手法が主流でした。

具体的には「人の命を尊重する教育」に代表される道徳教育とかスクールカウンセリングのことですが、こうした「こころ」に働きかけるアプローチがいかに意味がないものであるかは、本書を読んでくださった方には、すでに分かっていただけたと思います。

道徳の授業で「命の尊厳」を学んだ直後の昼休みに、トイレで集団が一人の生徒に殴る・蹴《け》るの暴行を加えるようなことはよくあることです。

本書で説明してきたように、いじめに耽《ふけ》る生徒たちは、基本的にそれぞれのクラスに発生するノリの秩序に内側から動かされているのであり、いわば洗脳されているのと同じです。そんな状態の生徒に「道徳」を説いても、意味がありません。

また、「教師の能力」を問題にしての教育改革にも、積極的な評価はできません。

「いじめがなくならないのは教師の能力が低いからだ。教師の能力を高めなくてはいけない」との意見は、政府諮問機関の教育再生会議の委員などからも聞こえてくるものですが、それは非現実的です。

私の小学校五年、六年生時代の担任教師はなかなか能力の高い人で、いじめを未然に防ぐ技能を持っていました。

その教師は基本的に子どもたちが何をしようとあまり介入しないのですが、弱い子がとことんやられるような、クラスの中の流動的なバランスが崩れかねない瞬間が来るとその時だけは迷うことなく介入しました。叱《しか》り方も実にうまかったと思います。「○○君、△△君のうちに謝りに行ってください」と親に電話し、親と一緒に謝りに行かせるのです。そういう適切な処置を、過不足なくできる人でした。

彼にはまず、そうしたクラスの中の流動性が「見える」という特殊技能があり、流動性が固まらないようにするためには何が必要かも知っていました。しかしそうした能力の高い教師を、現実の教育制度のもと、日本中の学校の全クラス分育成し、配置するのは現実的に不可能です。

つまり、スーパーマンを大量生産したり、スーパーマンを選別したりするのは、ユートピアではない、この地上の教育制度によってできることではないのです。大部分の教師は、どこにでもいるような並の人です。すでにいる平均的な能力の教師でも、無理なく遂行できる教育制度を考えることが重要です。

いじめを法に裁かせよ

現行の学校制度のもとでいじめ問題を解決するには、基本的に二つの対策しかありません。いじめには、暴力系とコミュニケーション操作系の二種類が存在します。このうち、具体的な暴力を伴ういじめに対しては、学校に警察、弁護士を介入させるだけで簡単に収まります。市民社会において当然のこととして行われているように、学校の中の犯罪も、市民社会と同じ法システムに委《ゆだ》ねるのです。

いじめ加害者の行動パターンが、いかに利害計算にさといものであるかは前章でも述べた通りです。彼らは自分が安全地帯にいることさえ確認できればいくらでも暴力をエスカレートさせますが、逆にいじめをすることで自分自身が逮捕されたり、停退学処分を受ける恐れがある場合は、まず実行することはありません。

中学校などで、人のことをガンガン殴っている生徒（あるいは教師）は、ここは普通に生活している市民社会ではなく、法が入らない学校共同体（神聖なる教育の共同体）だから、思う存分、人を殴れると分かっています。

外の世界で同じことをすれば当然暴行罪・傷害罪が適用されるような行為でも、学校の中でする限り、彼の手が後ろに回るリスクなどほとんどありません。

しかしこれは、よく考えてみればずいぶんとおかしなことです。たとえばスーパーマーケットや路上で、誰かが誰かを殴っていたとしたら、それを見かけた第三者は、スーパーマーケットの頭越しにでも警察に通報すべきです。それがなぜ、学校にだけは当てはめてはいけないのでしょうか？

まずは学校を、この治外法権から引きずりだす必要があります。外の世界同様、加害者が生徒であるか教師であるかには一切関係なく、暴力行為に対しては、逮捕・補導がなされなくてはいけません。そして当然ながら、容疑に対しては法に基づいて裁判にかけなくてはいけません。

ただしこの警察は、いわゆる「スクールポリス」では意味はありません。スクールポリスは学校の治安を守るという限定された目的のために置かれる人員になりがちです。これはダーティな役回りをこなす、暴力教員の類似品を増やすだけのことになりかねません。学校に介入するのは、学校という狭い社会を飛び越えた、あくまでも正規の警察官であるべきです。

実際に、逮捕されるような高リスクな状況下で、特定の個人へのいじめが行われたという例は、これまでほとんどありません。学校に警察が介入した途端に、いじめは彼らにとってやるほどの価値があるものではなくなります。

そして学校への司法介入は、いじめの被害者のマインドに、よりポジティブな影響を及ぼします。

まず、いじめを受けている子どもとその保護者が訴え出るべき場所が、学校から警察に変わります。従来、日和見主義の学校ではいじめの事実があったことすら認めないことが多く、結果大半の被害者が泣き寝入りを強いられてきましたが、この構図は確実に一変します。

そして、いじめ自殺という悲劇も多くは未然に防がれることでしょう。なんといっても現状では、いじめで自殺する少年少女の多くが、加害者を司直の手に委《ゆだ》ねることを思いつくことすらなく死んでいます。これは、人としての尊厳を踏みにじられた彼らが、最後になけなしのプライドを表明する手段が自殺以外にないと、彼ら自身が思い込んでしまっていることを意味します。しかし、市民社会の論理が学校でも通用するということが予備知識の中にありさえすれば、採るべき選択は間違いなく変わります。なぜならば被害者のエネルギーが自殺ではなく、生きて、加害者を告発することに向かうからです。

「コミュニケーション操作系のいじめ」への対策

一方の「コミュニケーション操作系のいじめ」は「クスクス笑い」や「シカト」に代表され

るものです。女子生徒間のいじめの場合、暴力系よりもむしろこちらが主体となります。コミュニケーション操作系のいじめの場合、警察は無力です。しかし、対策は実に簡単です。

これまで学校という場所に付き物だった、学級制度をなくしてしまえばよいのです。よく考えてみましょう。同じ学校でも、大学のように友人を自由に選べるところでは、小中高のようにひとりの人間を集団でよってたかっていじめるなどということはまずありません。これは大学生が比較的大人だから、ではもちろんなく、大学という環境にそれを起こさない特性があるからです。その証拠に大人社会でも、狭いオフィスで毎日何人もの同じ人が顔を合わせ続けるタイプの職場では、小中学校並みに陰湿ないじめが起きる例は、多々あります。

本書で繰り返し述べてきたように、いじめが発生するメカニズムには、教室という場所の閉鎖性や、移動の自由の少なさ、そこに押し込められた人たちの精神的距離の不自然な近さ……といったことに大いに関係があります。たまたま同じクラスになっただけの縁もゆかりもないメンバーが数十人、狭い教室に集まり、仲良しでいることが自明とされる環境では、お互いのネチネチした感情が逃げ場を失い、いじめという形で暴発するのはいわば必然です。

コミュニケーション操作系のいじめを動機として子どもが自殺すると、「何もこの程度のことで自殺することはないのに」と奇異に感じる人が多いようです。なかには例によって、「やはり最近の子は、『我慢する力』が欠けているんだろうか?」と思う人もいるようですが、これは、教室で学ぶ生徒たちの日常を理解できていないがゆえの疑問です。

職場にいる苦手な相手と、プライベートな付き合いまではしない、といったコミュニケーション上の工夫は、一般の社会人であれば、意識することもなく日常やっていることです。こうすることによって、私たちは苦手な相手との精神的な距離を調節しています。

この当たり前のことができる環境にいる人にとっては、「シカトをされたから自殺」というのは確かに理解しがたいことかもしれませんが、しかし自分に対して悪意でイヤなことをしてくる者に心理的な距離を取るという、その当たり前のことが、「クラス」という共同体への隷従《れいじゅう》を強いられている子どもたちには最初から許されていません。そのことを理解できなければ、彼らが自ら死を選ぶほどの苦しみも、理解することなど決してできません。

たとえば、廊下ですれ違うたびにわざと顔を歪《ゆが》ませるような隠微な嫌がらせは、自由な社会に生きている人たちの感覚からすると、ちょっとした「悪戯《いたずら》」で済ませかねないものです。しかし、個人として心理的な距離を調節することを許されず、閉鎖空間でのベタベタを強制されている人にとっては、その「ちょっとした」仕草の生々しさは、薄まることなく、地獄に突き落とされるような体験になりがちです。

悪意ある側からしてみれば、相手が心理的距離の調節をできないことにつけ込んで、延々とその「ちょっとした悪戯」をし続けることができるのも、見逃してはいけない点です。

またこのような、身も心も集団に捧げる生活を義務教育として行うには、隷従を嫌がる人間に対する、極めて手間のかかる無理強いが避けられません。したがって教師による、「指導」と称する暴力が半ば公認され、奨励される温床がここから生じてもいるのです。

学校という場所にまつわる多くの問題が、学校がベタベタとした共同体を強制する閉鎖空間であるというただその一事に起因しているのは明白です。

学級制度を解体せよ

ここで確認しておきますが、学級制度自体はほかの国にも数多くあります。ただし日本ほどに、一つの空間に同じ集団が朝から夕方まで押し込められる例は珍しいと言ってもいいでしょう。授業ばかりでなく、食事をする（給食）のも一緒。掃除をするのも、班活動も、運動会や修学旅行さえも、すべてがこの、「クラス」を単位にして行われています。

コミュニケーション操作系のいじめは、学級制度がなくなることによってその多くは行う余地を失くします。

クラスがなくなることは、「クラス単位の授業」もなくなるということです。生徒は授業ごとに教室を移動することになりますが、それによって、机を並べる相手は授業ごとに変えることが可能です。

食事にしても、いつもの教室で決まった相手と食べる給食ではなく、カフェテリアで気の合う相手と食事をするようになるでしょう。

コミュニケーション操作系のいじめは、「シカト」にしても「クスクス笑い」にしても、お互いがベタベタした関係にある、ということがそもそもの前提になっています。離れたくても離れようがない間柄だからこそ、その関係をいじることによって苦しみが生じます。

しかし、生徒たちがはじめからベタベタしていなかったら、特定の個人を無視することに、さしたる意味はありません。彼らをクラスという枠に閉じ込めさえしなければ、この状態は簡単に作れます。

また、学級制度を廃止することは、暴力系、コミュニケーション操作系の別にかかわらず、いじめが発生する最初のメカニズムを壊すということでもあります。

いじめが発生する最初のところには、狭い人間関係の中で他人との精神的距離が調節できない状態からもたらされる、人々の〈欠如〉がありました。

〈欠如〉自体は、いつなんどき、誰がどのようなきっかけによって生じさせるかは予想し得ないものであり、完全になくすことはできません。しかし、クラスという極小の枠から学校という何倍かは広い枠に拡大されることで、生徒たちのイライラが、集団的かつ継続的に増進されるリスクは相当抑えられます。

そしてクラスという枠を取り払うことは、生徒たちに、より自分にフィットする人間関係への可能性をもたらすのです。

教育は神聖ではない

このように暴力に対しては、生徒も教師も一個人として学校に警察を呼べるようにし、学級制度を廃止するだけで、いじめの問題のかなりの部分は解決が可能になります。構造は拍子抜けするほどに単純なのです。

この改革に今すぐ着手することに躊躇《ちゅうちょ》する必要は何もないはずですが、いざ実践するとなると難色を示すであろう勢力の存在も私は予想することができます。いわゆる、「教育系」の人々です。

「教育系」の人々は、教育や学校を神聖なものとして祭り上げるのが仕事であり、生きがいです。学校に警察を介入させることは先に述べたような理由から効果こそあれ実害は何もないはずですが、「教育系」の人々にとっては許すことのできない禁忌《タブー》です。しかしタブーである理由をいざ検証してみると、彼らが「教育」や「学校」を神聖だと思っているという理由以外、見出すことはできません。

おそらく彼らの思い込みの根拠になっているのは、学校が生徒の精神を磨き、人間同士のきずなをつなぐ場所だという「神話」にあるのでしょうが、精神が磨かれ、きずなをつないだ結果が殴る・蹴《け》るのいじめであり、シカトによる自殺だというのなら、これはもう大いなる皮肉です。

そもそも市民社会において、人命以上に尊重される価値はありません。だから、「教育」を人命より上位に置きたがる志向そのものがまずおかしいのですが、それを措《お》いても、彼ら「教育系」の人々の思い込みは矛盾だらけです。

学校を神聖視し、外界から隔離したことで上がった成果は、結局のところ「ノリは神聖にして犯すべからず」の支配と、そのノリに服従する人々の大量生産、そして過酷ないじめでした。要は中間集団全体主義の温床として、最大限機能していたということになります。

こうしたことから言えるのは、少なくとも現在の学校制度は、「教育」という実体定かならぬ大義名分を守るために、本来守られるはずの子どもが犠牲になっているということです。

学校は神聖な場所ではありません。人とのきずなも、豊かな人間性も、中間集団全体主義という大きな犠牲を払ってまで現状の学校制度に育んでもらう必要はありません。これを踏まえ本書の終盤にあたっては、これらを育むに相応《ふさわ》しい、新たな学校制度のあり方を考えます。

第十一章　きずなユニット——中長期的解決策　その1

学校という「水槽」

「学校を法システムに委《ゆだ》ねる」ことと並ぶいじめ問題の短期的解決策は、「学級制度を解体する」ことでした。しかし「学級」から「学校」へ枠を広げたとしても、学校という場所がそもそも大勢の人間を無理やり押し込めた閉鎖的な小空間である以上、精神的な距離を広げるといっても物理的に限界があるのは否めません。

従って本当の意味でいじめの問題にメスを入れるには、この学校という場所の有害さに対しても、中長期的に取り組んでいかなくてはいけません。

水槽を例にとって話すなら、学級制度は、小さな水槽の中にアメリカザリガニを何匹も押し込めるようなものです。これをやると、ザリガニでも喧嘩《けんか》や共食いを始めます。学級制度の廃止とは、生徒たちが閉じ込められている極小サイズの水槽を、せめて学校程度の大きさの水槽に変えるということであり、これだけでも相当な効果を上げられるのは事実です。しかし中長期的には、やはり学校という水槽の狭さを問題にしないわけにはいかないのです。

改めて問う、「共同体はそんなにいいですか？」

ところで今、地域における共同体の再生が急務だとする意見が、右左問わず多くの人により叫ばれています。いわく、「今まではそれぞれの地域にあった共同体が解体され、薄れてきてしまったから日本がおかしくなってしまったのだ。だからもう一度それを作り直さなくては。再評価しなくては」という意見です。

共同体待望論を唱えているのは、一つには規範意識の低下を憂えている右派の人々です。つまり、人々が自由になりすぎた結果規範意識が薄くなり、日本人全体に放縦な行動が目立つようになってしまったので、共同体の力を強めることで再び束ねてもらおうという考え方です。一方で典型的な左派の論客も、その発言によく耳を傾ければ、実はかなり似たようなことを言っていることが分かります。彼らは国家全体主義が吹き荒れる時、共同体に防波堤の役割を果たしてほしいと期待しているのですが、共同体に大いに期待している点では、右派と全く同じなのです。

私はこうした風潮を、好ましくないと思います。中間集団の内側に働く圧力のことを一貫して研究してきた私には、彼らが誉《ほ》めそやす「郷土愛《パトリ》」や「共同体」は、とても手放しで賛成することはできないからです。

共同体が社会の中央に「デン」と居すわる状態というのは、結局のところ普遍的な正義やルールではなく、その中で暮らす人たちの「こころ」や「きもち」が問題にされるということです。

「こころ」や態度が問題にされる共同体の中で生き延びようとすると、その場の雰囲気をうまく察して先回りして行動したり、逆に自分が有利になる雰囲気を醸し出すことで相手を乗せる技術が不可欠です。私たちが通常「コミュニケーションスキル」と呼んでいる技能の多くは、こうした共同体のみんなの「こころ」をうまく懐柔したり操作するための能力ですが、それを持たずにこの社会で暮らしていくのは、大変にきつい試練になります。

共同体の力が強い社会にあっては、私たち個人がどのような価値観を持っているかよりも、まずは共同体のみんなに同調することを強いられます。その中の「つながり」や「まじわり」から離反するのは、よほど大きな犠牲を払わない限り許されることではありません。学校でのいじめは、そのことが何より典型的な形で噴き出したものだと言えます。

私が現地で取材した山形マット死事件、あるいは福岡県飯塚市の近大附属女子高の事件（同校の女子生徒が教員にコンクリートに叩《たた》きつけられて死んだあと、地元住民が教師を擁護したほか、女子生徒をデマにより中傷した事件。藤井誠二著『暴力の学校　倒錯の街』［朝日文庫］に詳しい）など、共同体の付和雷同が凄《すさ》まじい理不尽さで個人の尊厳を飲み込んでしまった例は、枚挙に暇《いとま》がありません。

国家による圧制が怖いのは言うまでもないことですが、しかし中間集団に働くファシズムがある意味で国家全体主義以上に怖い点は、地域に住む我々自身が、それを命じられることなく勝手に代行してしまうところにあります。

「郷土愛《パトリ》」を叫ぶ人は、それがいかに危険なものなのか分からないままに、「必要だ。再生だ」と叫んでいるのではないでしょうか？　結局のところ、右翼も左翼も、共同体に価値を置いている時点で同じ穴のムジナです。右とか左といった旧来の対立軸を放棄して、普遍的なリベラリズムの論理に基づいた社会を、一刻も早く構築しなくてはいけません。

自由な社会とは？

私は、共同体への隷属を強いられる社会ではなく、自由な社会に住みたいと考えます。しかし実際のところ、私たちにとって自由な社会とはどういうスタイルの社会でしょうか。

すべての人にとって望ましいオンリーワンの生き方というものは存在しません。Aさんにとっての素晴らしい生き方は、Bさんにとっては単なるだらしない生き方かもしれず、Bさんにとっての「よい」生き方は、Cさんにしてみればうんざりするような、退屈極まりない生き方かもしれません。

この人たちが、お互いに自分の生き方こそがベストであり、正しいのだと主張し始めると、やがてどちらかがどちらかを攻撃するようになり、いずれは滅ぼしあうことにもなりかねません。

学校改革を含む自由な社会の構想は、お互いの違いを許容するというところから始まります。「許容する」というのは、「攻撃しない」という一点においてであり、嫌なことを飲み込んで、無理に「仲良くする」ことではありません。むしろ仲良くしなくてよいからこそ、相手の存在を許せるのです。

攻撃することは許されませんが、嫌いな相手とは距離を置き、生々しい付き合いを避ける権利が、自由な社会では保障されています。フリーターと銀行員、専業主婦と風俗嬢。お互いがお互いに共感できなくても、その違いのせいでどちらかが攻撃されたり、違う生き方を無理強いされることはありません。この社会で強制されるのは、なじめない人間の存在を許容する、ほんの少しの寛容さだけです。

しかしそれ故に、次のような人たちには不都合な社会かもしれません。それは、人間は「こうであるべき」という強い思い込みを持っていて、それに反する人を目にするだけでムカムカするような人。あるいは、自分を中心に発生する「ノリ」の権力で、他人を従わせたいタイプの人です。

「こころ」や態度を問題とする社会は、全人格的に支配される社会です。「みんなと仲良くしろ」「俺の気分のいいようにしろ」「やる気を見せろ」「美しい日本国民でなければ村八分だぞ」といった、全人格的な支配は耐え難いものですが、「年収が何百万円である場合は、年何%を税金として収めなさい」とか、「医者になりたいのなら、医師国家試験に合格しなさい」といった、客観的なルールに基づく支配は、耐えやすいものです。自由な社会では、ルールによる支配がなされるべきです。

「きずなユニット」

とはいえこのようなことを話すと、「お前は社会のきずなを壊すつもりなのか?」という批判が必ず返ってきます。しかしこれは、「きずな」なるものが、世の中に一種類しかないと思い込んでいるが故の批判であり、実のところ全体主義擁護のためのレトリックに過ぎません。

保守系の人々は、国家を中心とするきずなを至高のものと考え、それに同意しない人たちを、「アイデンティティのないやつら」と批判します。言うまでもなく、国家を中心としたきずなを大切に思う人がいるのは当然のことです。しかし彼らの言うきずな以外に、ガールフレンドとのきずなを大事にする人や、ガンダムの話題で盛り上がれるチャット仲間とのきずなを大事にする人、自分が所属する宗教団体の信者との間にきずなを結ぶ人がいるのも、全く同じように当然のことです。

左右両陣営の全体主義者たちが一緒になって心配している、「共同体がなければみんながバラバラ」という不安に対して、私は「きずなユニット」という考え方を提唱しています。これには、国家や家族はもちろんのこと、自然との関係、同じ趣味を共有する人同士のシンパシーに至るまで、ありとあらゆるきずなが含まれます。世の中にある無数のきずなの中から、まずは自分がピンと来るユニットを選択し、いくつか試行錯誤を重ねていく中で、最もフィットするきずなに辿《たど》り着けばよいのだ、という考え方です。

右翼や左翼の人たちが間違っているのは、自分たちが理想としているきずなだけがオンリーワンだと思い込み、それとは異なるきずなが間違いであるかのように批判している点です。

しかし考えてみれば当たり前のことですが、他人が自分とは違うきずなを大事にしているのは、ごくごく当たり前のことです。私は、ひとりひとりが多種多様なきずなを試行錯誤しながら体験し、自分にとってジャストフィットするきずなを見つけるチャンスが沢山ある社会こそ、自由な社会だと考えています。

親や教師、偉い政治家から、「これが正しい生き方です」と指定された一つの生き方に従うのではなく、多種多様な生き方を、試行錯誤できるチャンスを増やすのです。

こうした中から、様々なきずなユニットを選択すればよいのです。「愛国心」にしても、他に沢山あるきずなの中からそれを選び、人に強制しない限りは何の問題もありません。国家を大切にする人、家族を大切にする人、バンド仲間やサッカーチームの仲間を大切にする人、色々なきずなユニットが、どれかがどれかを押し潰《つぶ》すことなく、共存していればよいのです。

ただし、学校や家族、地域社会、宗教団体、軍隊など、構成員の人格の隷属を引き起こしやすい中間集団に対しては、行政が介入することによって、個人の自由と尊厳が確保されるよう、あらかじめ設定されておかなければいけません。学校もそのプログラムに基づき、個人の自由と尊厳が確保されるあり方に改める必要があります。

第十二章　さらば、生きづらい国・日本——中長期的解決策　その2

未来の教育制度

「きずなユニット」の考え方に基づいてあるべき教育制度を模索すると、かなり大がかりな改革が必要になります。これを中長期的なヴィジョンとして描いてみます。以下で述べるのは、私が考えた二十一世紀における日本の教育制度の青写真です。

まず、義務教育と権利教育が分かれます。義務教育は、強制してでも身につけさせなければいけない「最低限の一定範囲」に関して、子どもの保護者に義務づけるものです。

その「最低限の一定範囲」は、「日本語」と「算数」と「法律」です。保護者は、これら三科目に関しては、子どもに国家試験を受けさせる義務を負います。

国家試験は随時役所で受けることとし、学校では試験を行いません。義務教育の義務はあくまで保護者が子どもに国家試験を受けさせることの義務であり、子どもが学校で勉強しなければいけないという意味の義務ではありません。従って、国家試験に受かるためにどんな勉強の仕方をしようと自由ですし、必ずしも学校で勉強することを選択する必要もありません。

最低限範囲の試験に子どもが落ち続けた場合、個人指導の「教育チケット」を消化することも、保護者に対しては義務づけられます。子どもが試験に落ち続けているのにこのチケットを消化しない場合に限って、保護者は処罰されます。

なお、義務教育の業務は、従来の「知育」「徳育」「体育」から「知育」のみに大幅に限定されますが、この限定された公的業務の枠内でも、個々の教員の人間性や能力に応じて、教員と子どもとの間にさまざまな隣人愛・善意に基づくコミュニケーションが展開されることに関しては、強いて妨げないようにします。

新しい教育制度のもとでは、法律が生徒・教員の別なく適用されます。従って、これまで教員が果たしていた学校内の警察的・裁判官的役割も不要になり、また行うこと自体禁止されます。

教員は、授業の進行が乱されるなどの業務妨害に対しては退去を命じることができますが、従わない場合、教員が直接関わるのではなく、警察を呼ぶことになります。暴力沙汰が発生した場合も当然警察を呼びます。制服や頭髪の規制など、市民的な自由を侵害する強制はいっさいが禁止です。

教育チケットと権利教育

「教育チケット」は、教育のみに利用できる特殊貨幣で、義務教育用と権利教育用の二種類があります。義務教育用チケットは国家試験に合格するまで無制限に与えられますが、権利教育用のチケットは、保護者の収入と反比例に行政機関から配布されます。保護者の収入に反比例させることで機会の平等を確保しますが、保護者が通常の貨幣を使って、子どもに権利教育を受けさせるのも自由です。

権利教育は、学校から独立した形で街に林立する、様々な学習サポート団体が請け負います。学びたい人は沢山ある学習サポート団体の中から気に入ったものを自由に選び、主宰者にチケットを払うことで受講できます。主宰者は受け取ったチケットに応じて国や自治体からお金をもらうか、もしくは税金を控除されます。なお権利教育に年齢制限はありません。

権利教育は三つの分野から成り立っています。「学術系」と「技能習得系」、そして「クオリティ・オブ・ライフ系」の三つです。

このうち、学術系と技能習得系はいずれも国家試験や業界団体試験の合格を目的としており、職業キャリアの形成にも大いに関係のあるものです。「学術系」はこれまでの学校で必修科目だった外国語、理科、歴史、地理などの分野も含んでおり、「学をつける」ことを目的とします。「技能習得系」は、職種に応じた技能系の資格を得るためのもので、将来の就職を見据え、「手に職をつける」ことを目的としています。「クオリティ・オブ・ライフ系」だけは、前二者と性格を異にしています。この部門は、芸術やスポーツ、旅行など、学ぶ人の興味に従って様々なことを楽しむためのもので、旧来の学校におけるクラブ活動、部活動と重複する面もあります。ただし当然ながら、目指すものはかなり違います。

生徒はここでただ楽しみを享受するのが目的となります（試験はありません）。各地に林立する市民クラブが母体となりますが、子どもたちはこれらクラブを自由に選び、行ったり来たりすることが可能です。そこでの親睦《しんぼく》や、人間関係の試行錯誤を通じて、子どもたちは自分に相応《ふさわ》しい、人生のスタイルを模索していくことになります。

人々はどのクラブにも同時に並行して参加でき、興味がなくなったクラブには、その日から行かなくても全く構いません。このように複数の市民クラブを行き来しながら出会いのチャンスを増やすので、友人を自由に選ぶことができます。悪意を感じた人とは、さっと距離を遠ざけることができます。従って市民クラブでは、「シカト」などコミュニケーション操作系のいじめの余地はありません。

子どもたちが電車やバスで移動できる範囲が、その子にとってのネットワークの範囲です。この範囲全体で子どもたちを暴力から遠ざけるため、少年法を改正します。暴力に関してだけは自己責任主義の度合いを強めておかない限り、地域社会全体がギャング支配に侵食される可能性があるからです。

暴力に対しては誰でも法による実効的な救済を求めることができる状況を確保することで、子どもたちが暴力系の「いじめ」を受けるリスクは、極限まで減らされます。

日本社会、希望の未来像

この具体的なイメージは、以下のようなものになるでしょう。最後にこのイメージを提示し、私からのメッセージに代えさせてもらうことにします。


今年九歳になるジローは評判のいい学習支援技能士イトーさんの算数クラスに、教育チケットで参加している。技能士は評判どおり、みな親切に勉強の支援をしてくれる。

「ジロー君、小数の掛け算・割り算はだいぶ上達したね。もうそろそろ、算数2級受けてみない？」

ジローは2級を受けてみることにした。市役所の算数2級試験会場には、三歳から十七歳まで、幅広い年齢の人がいた。二〇四〇年の日本は超高齢化社会になっているので、子どもの試験のような簡単な仕事は、パートタイムのお年寄りがやっている。ジローは試験を終え、戻ってくる。

「イトーさんが分かりやすく教えてくれたおかげで、合格したよ！」

「そうか、よかったなあ。おめでとう」

収入に反比例して配布される教育チケットのおかげで、貧富の差は埋められる。三〇年前の大改革で年功賃金が廃されたかわりに、教育費はほとんどチケットで賄われることになったのだ。そのおかげで、親が仕事上で失敗することが、子どもの教育機会を狭めるようなことは、ほとんど見られなくなっている。

小数の掛け算、割り算レベル（算数2級）の国家試験に合格すると、消費税の計算能力が認定されるので、子どもでも年齢に応じて、一定時間店番をしてお金を稼ぐことができるようになる。

ジローの年齢では、一日おきで一回二時間が限度だ。雇い主は教育支援特別控除を受けるが、労働時間などの規定を守らないと処罰される。ジローはこのアルバイトでお金をため、お年玉とあわせて廉価版の球技シミュレータを買った。これで練習して、秋からはナカジマさんのサッカークラブで活躍するのが、今のジローの目標だ。

ジローは近所の複数の市民クラブを行ったり来たりしながら、四歳から九十歳まで、いろんな年齢の友達と付き合っている。ナカジマさんのサッカークラブは、そうした楽しいクラブのひとつだ。

ジローの住む街には、参加してみたいと思っている市民クラブは、まだまだいっぱいある。市民クラブはフレンドリーな人が多いので、ジローは好きだ。

なんでフレンドリーな人がそんなに多いのかというと、フレンドリーで他人が嫌がることをしない人の周りには当然、フレンドリーな人が集まってくるものだし、そういう、多くの人が集まるクラブには、たくさんの補助金が集まってくるものだからだ。

イトーさんや、ナカジマさんのクラブのようには楽しくないクラブももちろんあるが、そういう、楽しくない市民クラブは自然に淘汰される。父さんが言うには、昔は教員に殴られても、「友達」にいじめられても学校に通わねばいけなかったらしいが、ジローにはそれが信じられない。「いじめる人が友達？　それってありえないよ」とジローが言ったら、父さんは「でも、昔は本当にそうだったのさ」と苦笑いしていた。

親に問題のある子もいるが、多くは家庭に依存せず、クラブを通じて出会った人たちとのコミュニケーションで、救われているようだ。

＊

ジローの兄タロー（十四歳）は、いくつか通っている少年クラブのひとつで、ミノルたちのグループと知り合った。最初楽しそうな感じがして、「こいつら、いい感じだな」と思って近づいてみた。しかし次第に、ノリだけで中身のない連中だと分かってきた。他人に対する陰口も、ちょっとひどいなと思うようになってきた。

その時々では仲良くしても、何かの拍子でちょっとグループから浮いてしまうと、それがきっかけでみんなが刺々《とげとげ》しい態度に変わってしまう。タロー自身はそういう目に遭ったことはないが、そのような場面に出くわした時は、たまらなくいやな気持ちになった。

ミノルたちと一緒にいると、自分がだめな人間になってしまいそうな気がしたので、ミノルのグループからは抜けた。当然ミノルのいるクラブからも足は遠のいたが、それを聞いてタローの父さんは「羨《うらや》ましいな」と言っていた。父さんが昔通っていた学校の部活動は、そんなに簡単にはやめたりできなかったらしい。結局ミノルたちのグループも、メンバーたちがもっと楽しそうなグループに散らばってしまい、自然消滅したそうだ。

別の少年クラブで知り合ったサトシは最初なんとなくノリが悪そうな感じだったが、しばらくするといいやつだと思えるようになってきた。「こいつとはもっと近い関係でいたいな」と思ったので、すぐに思ったとおりにした。

サトシはいろんな人と個人的な付き合いがあるやつだったので、サトシを介して、今度はユキヒコやタカオと知り合った。ユキヒコは別に人間として親しみを感じたわけではないが、音楽の才能は抜群なので、年下でも尊敬できる。タカオはいいやつだけどちょっとバカっぽいかもしれない。

顔の広いサトシの紹介で、タローは親から教えてもらった以外の、それまで知らなかったクラブにも通うようになった。今、音楽クラブで、元ミュージシャンの老人オガワさんからドラムを習っている。タローは市役所からもらうチケットを渡してオガワさんからレッスンを受ける。するとそれが、オガワさんの年金プラス小遣いになる。子どもにドラムやギターを教えるのが老後の趣味で、その上小遣いにもなるということで、オガワ老人も満足そうだ。

タローはサトシやユキヒコら子どもだけでなく、オガワさんのような大人とも付き合うようになり、世の中の見方を少しずつ広げている。自分が毎日少しずつ複雑になり、多面的になっていることを感じる。

今タローは、人と付き合うのが、心から楽しくて仕方ない。

あとがき

本書の中でも触れましたが、私は子どもの頃、理科とくに生き物を扱う授業が好きでした。生き物の世界を見ていくと、他の生き物のエサになるものもいれば、他の生き物に寄生したり、されたりするものがいたりと、じつに複雑に絡み合いながら全体としてひとつの世界を作っていることがわかります。このような、生き物と生き物の関係、生き物と環境の関係、すなわち「生態系」について解き明かそうとする学問を「生態学」と呼んでいます。

たとえば、「昆虫Aが植物Bを食べると、植物Bは生化学的な変化を起こして、同じ植物Bを食べる別の昆虫Cがとばっちりを食う」とか、「植物Aが昆虫Bを食べると、Aは揮発性の化学物質を出して、昆虫Bを食べる天敵Cが呼び寄せられる」といったような関係を解明していくのです。

ほかにも、「植物Aの根から出る化学物質で、植物Bが死に絶え、そのことで植物Cが繁殖する」。また、「昆虫Aは昆虫Bがいる場合X環境に生息するが、昆虫Bがいなければ、Y環境に生息する」といったようなひとつの生態系を解き明かします。

さらに面白いのは、これらは、気温や湿度、日照や土壌に含まれる酸やアルカリの度数などの非生物的環境が変化すると、ガラッと変わってしまうことが多いということです。

このような絡み合いの中で、各々の生物は、ひとつの環境の中にそれぞれ固有の位置を占めながらようやく生きているわけです。私はこの生態学や生態系の発想はいじめの研究にも応用できるものだと思いました。

いじめがはびこる場所には、様々な理解しがたいことが起こります。とりわけ特徴的なのが、「私は、個人としてはA子ちゃんと仲良くしたいのに、クラスのみんなと一緒にいるといじめてしまう」といった当事者が積極的に意図していないような行為です。このような行為のメカニズムも、いじめの場にある「秩序」を生態学的なアプローチで考えることで、論理的に説明できるものになると考えたのです。

「秩序」というと、すぐに「社会の治安」といったものがイメージされます。また、ひとつの社会には、なにがしかのある一種類の秩序しかないかのように思われがちです。しかし実際には、あるひとつの社会や集団に、常にある特定の秩序が行き渡っているわけではありません。

私たちの住む社会では、多くの場合、様々なタイプの秩序が多重的に積み重なっては、せめぎ合っています。そして淘汰の果てに、各々の秩序は、独自の位置を勝ち取ったり、滅びたりしているのです。
そういった秩序の生態学的な配置を考えることで、いじめのメカニズムが解明でき、ひいては、本当に有効な対策が明らかになるのではないかと思って取り組んだのが、私の〈いじめ学〉なのです。

本書の出版にあたっては、多くの方のご協力を賜りました。とりわけ「教師サイド」というお立場から、私が生徒であった頃の東郷高校について、貴重な証言をしてくださった加藤淳さんに、この場を借りて御礼申し上げます。

二〇〇七年十月一日

〈いじめ学《がく》〉の時代《じだい》

2007年11月10日　第1刷発行

著　者　内藤朝雄
発行者　富澤凡子
発行所　柏書房株式会社
東京都文京区本駒込1丁目13-14（〒113-0021）
電話（03）3947-8251［営業］（03）3947-8254［編集］

ブックデザイン　守先正
編集構成　古川琢也

印　刷　萩原印刷株式会社
製　本　株式会社ブックアート

ISBN978-4-7601-3219-5

柏書房の本

いじめの社会理論
――その生態学的秩序の生成と解体

内藤朝雄

本体2、300円＋税

〈いじめ学〉の誕生を告げた、著者の処女作。人間社会の生態学的秩序と心理的構造モデルを組み合わせ、いじめ発生のメカニズムをはじめて解き明かした書。いじめ生成の諸要因が凝縮されたままの学校共同体主義の危険を指摘し、いじめ秩序を無力化する自由な学校と社会を構想する。

【主な目次】